GRIOTS E TECNOLOGIAS DIGITAIS

Organização:
Thiane Neves Barros
Tarcizio Silva

Editora

LiteraRUA

1ª Edição

Brasil
2023

GRIOTS E TECNOLOGIAS DIGITAIS

Catharinna Marques
Charô Nunes
Dulcilei da Conceição Lima
Elizandra Salomão
Larissa Santiago
Leila Lima de Sousa
Mariana Gomes da Silva Soares
Michelly Santos de Carvalho
Nelza Jaqueline Siqueira Franco
Pâmela Guimarães-Silva
Paulo Victor Purificação Melo
Pedro Diogo Carvalho Monteiro
Taís Oliveira
Tarcizio Silva
Thiane Neves Barros
Viviane Gomes
Zelinda Barros

ibpad DESVELAR LiteraRUA

Griots e tecnologias digitais

Organização
Thiane Neves Barros
Tarcizio Silva

Projeto gráfico, capa e diagramação
Juliana Vieira

Revisão
Instituto Sumaúma
Thiane Neves Barros
Tarcizio Silva

Produção
Desvelar

Editora
LiteraRUA

Apoio
IBPAD

Dados Internacionais de Catalogação na Publicação (CIP)
(Câmara Brasileira do Livro, SP, Brasil)

Griots e tecnologias digitais [livro eletrônico] / organização Thiane Neves Barros, Tarcizio Silva. -- 1. ed. -- Brasília, DF : Instituto Brasileiro de Pesquisa e Análise de Dados - IBPAD : Desvelar, 2023.
PDF

Vários autores.
Bibliografia.
ISBN Livro Físico: 978-65-86113-14-3
ISBN Livro Digital: 978-65-89307-01-03

1. Ancestralidade 2. Ciências sociais 3. Decolonialidade 4. Governança da internet 5. Identidade afro-brasileira 6. Tecnologias digitais I. Barros, Thiane Neves. II. Silva, Tarcizio.

23-158065 CDD-303.33

Índices para catálogo sistemático:

1. Tecnologias digitais : Controle social : Sociologia 303.33

Aline Graziele Benitez - Bibliotecária - CRB-1/3129

LiteraRUA
www.literaRUA.com.br
Fone: 11 3857-6225 / Cel.: 11 97715-4412
Av. Deputado Emílio Carlos, nº 179 Loja 4, 1º andar.
Bairro do Limão - São Paulo - SP. CEP: 02721-000.

Sumário

Prefácio Griôs[1] e Tecnologias

Zelinda Barros[2]

Eu ia minha viagem
a madame mandou me chamar
companheiro que eu levava
a madame não quis ele lá
(Cantiga de caboclo)

De início, peço a benção às/aos mais velhas/os, em senioridade e em experiência de luta contra o epistemicídio. O texto em epígrafe, trecho de uma cantiga de caboclo, pode ser lido como uma metáfora do modo como conhecimentos produzidos por povos subalternizados ("o companheiro que eu levava") são marcados pela desconfiança e recusa sistemática ao seu reconhecimento numa sociedade colonial ("a madame não quis ele lá"), onde as tecnologias são caracterizadas como formas de dominação e controle sob a vã promessa de "progresso" e bem estar para todas/os.

Nós, africanas/os e afrodiaspóricas/os, somos pioneiras/os. Nossos conhecimentos que originaram as mais diversas tecnologias vêm sendo aplicados, demolindo a farsa colonial de sermos apenas consumidoras/es de tecnologias produzidas por outros povos. Na contramão da colonialidade, intelectuais como Henrique Cunha Júnior (2010, 2015 e outros), Carlos Machado (2014 e outros), Bárbara Carine Soares Pinheiro (2018, 2021 e outros) têm reconstruído a história da tecnologia visibilizando o protagonismo africano em áreas como medicina, astronomia, engenharia, computação, metalurgia e outras. No campo do feminismo, estudos meus e de outras/os companheiras/os têm evidenciado como distintas opressões se intercruzam na produção da

---

[1] Nota da organização: Nesta coletânea o termo aparecerá em suas duas grafias possíveis: Griot e Griô, optamos por manter a escrita de cada autora e autor.

[2] Antropóloga, quilombola de Santiago do Iguape(BA), feminista negra, docente adjunta da Universidade da Integração Internacional da Lusofonia Afro-brasileira (UNILAB). Doutora em Estudos Étnicos e Africanos (UFBA, 2013), Mestra em Ciências Sociais (UFBA, 2003) , Especialista em Educação à Distância (Serviço Nacional de Aprendizagem Comercial, 2008) e Bacharela em Ciências Sociais (UFBA, 2000). Fez Pós-doutorado em Ciências Sociais (Universidade Federal do Recôncavo da Bahia, de 2014 a 2018). Membro do grupo de pesquisa NYEMBA - Processos Sociais, Memórias e Narrativas Brasil/África (UNILAB). Editora do "Calendário Negro". Coordenou o primeiro Curso de Formação de Professoras/es para o Ensino de História e Cultura Afro-brasileiras a distância da UFBA. Consultora em Educação a Distância, Educação e Diversidade. Membro da Associação Brasileira de Pesquisadores/as Negros/as (ABPN e da Sociedade Brasileira para o Progresso da Ciência (SBPC).

exclusão digital (BARROS, FONSECA & UALI, 2022; MIGUEL & BOIX, 2013; NATANSOHN, 2013; entre outras/os), bem como a resistência a estas opressões configura os diferentes ativismos em rede (LIMA, 2019).

Como mulher quilombola[3] e, portanto, alguém que faz parte de um segmento que foi (e ainda é) alvo do colonialismo e da colonialidade em suas distintas expressões, mas que segue "reexistindo", identifico nesta obra um espaço onde se criou a ambiência para afirmação de visões sobre tecnologias a partir das experiências e "cosmopercepções" (OYEWUMI, 2021) das/os afrodiaspóricas/os e por "pilhagens epistêmicas" (FREITAS, 2022). Este livro integra, numa sociedade marcada pelo racismo, um amplo movimento de reapropriação em que o reconhecimento e a reafirmação de quem somos, das nossas origens e influências contribuem de modo decisivo para a nossa sobrevivência, afirmação e positivação das nossas existências. Tal movimento não teria a força que tem se fosse realizado por indivíduos autorreferenciados, pois como bem disse Steve Biko: "Sozinhos somos fortes, mas juntos somos inquebrantáveis". A força das/os nossas/os griôs, homens e mulheres que preservam a nossa memória e contribuem para a manutenção da nossa vitalidade como povo, nos orienta nesta empreitada.

No texto "Do pretuguês tecnológico à blogagem coletiva: a reconstrução de um caminhar tecnológico diante da virtualização da vida", Viviane Rodrigues Gomes, Charô Nunes e Larissa Santiago se apropriam e reelaboram criativamente a noção de "pretuguês" formulada por Lélia Gonzalez para refletirem sobre a necessária incidência das mulheres negras no campo tecnológico. O "pretuguês tecnológico" seria a ferramenta que permitiria o alcance deste objetivo, uma vez que seria uma linguagem computacional dotada de ancestralidade.

No texto "O exercício do sujeito posicionado de Beatriz Nascimento por feministas negras nas redes sociais", Dulcilei da Conceição Lima reflete sobre a fecundidade do pensamento de Beatriz Nascimento no processo de crítica e reconstrução das culturas afro-brasileiras. Depurá-las da referência a noções coloniais como aceitação, integração, igualdade e outras, além de desenvolver e disseminar outras concepções teóricas, métricas de análise, metodologias de pesquisa e epistemologias seriam formas de valorizar nossas próprias experiências e nos

[3] Nasci em Pernambués, bairro soteropolitano localizado na região do Cabula, onde, no período colonial, existiu um famoso quilombo. Ao mesmo tempo, sou filha, neta e bisneta de mulheres que nasceram na comunidade quilombola de Santiago do Iguape, localizada na região da Bacia do Iguape, em Cachoeira. Meus antepassados paternos são de Saubara, antigo distrito de Santo Amaro, tornado município. Ambas são cidades do Recôncavo da Bahia, estado com predominância negra.

posicionar como sujeitos. Pesquisadoras feministas negras são identificadas pela autora como parte do grupo de intelectuais negras/os que ingressaram na universidade após 1990 e que vem colocando em prática os ensinamentos da nossa griô Beatriz Nascimento, tanto na academia como em outros espaços, como as redes sociais.

O chamado de Abdias Nascimento para o quilombismo ecoa na noção de ciberquilombismo trabalhada por Nelza Franco em "Ciberquilombismo - o quilombismo de Abdias Nascimento e sua atualização na cibercultura" ao tratar dos diversos espaços organizativos no ciberespaço criados por pessoas e organizações negras para abordar questões que dizem respeito à nossa gente.

Em "Ciência, Tecnologia e Interdisciplinaridade: as críticas visionárias de Abdias Nascimento", Taís Oliveira reflete sobre ciência e tecnologia relacionando-as ao debate sobre interdisciplinaridade, num exercício criativo de nos mostrar como a autonomia tecnocientífica pretendida por uma perspectiva decolonial pode ser alcançada por meio da adoção de princípios do Quilombismo proposto por Abdias Nascimento, com uma postura interdisciplinar, radical e inovadora.

Ao abordar as tecnologias não apenas no contexto digital, Elizandra Salomão e Pedro Diogo Carvalho Monteiro, no texto "Entre aparelhos de repressão e a quilombagem: Vigilância e contra-vigilância negra a partir do olhar de Clóvis Moura", discutem como as tecnologias de desumanização e controle da nossa gente negra têm sido historicamente desafiadas pelas tecnologias de resistência negra, abordadas por meio das noções de dark sousveillance de Simone Browne e de quilombagem de Clóvis Moura. Contemporaneamente, os dispositivos eletrônicos operariam como atualizadores dessas tecnologias.

As performances antirracistas de sujeitos brancos no ambiente digital são analisadas por Catharina Marques em "Cida Bento e Iray Carone: entre os pactos e os silêncios das performances da branquitude nas redes sociais", com o auxílio das reflexões das próprias griôs Cida Bento e Iray Carone e de outras/os estudiosas/os da branquitude, que colaboram para a compreensão do modo como a branquitude se mantém no ciberespaço.

As experiências de mulheres negras amazônidas na comunicação digital, sua relação com as tecnologias e com a formação de redes de salvaguarda da memória e dos saberes negros são trazidas por Thiane de Nazaré Monteiro Neves Barros no texto "Zélia Amador de Deus e o legado científico-tecnológico de Ananse para a luta de mulheres negras na Amazônia paraense", que retoma o mito de Ananse, originário da cultura Fanti-Ashanti, tal como narrado pela professora Zélia Amador de Deus, para pensa-lo como uma metáfora das ações de resistência da nossa gente na diáspora, em especial do ciberativismo de mulheres negras.

A forma como mulheres negras têm confrontado o dispositivo de racialidade que estrutura a sociedade brasileira é abordada no texto "Aprendendo com Sueli Carneiro: estratégias de hackeamento do dispositivo de racialidade", de Pâmela Guimarães-Silva. A comunicação é abordada como um dos "territórios simbólicos de resistência" construídos por nós num processo de subjetivação política que rejeita a ideia racista de que pessoas negras são o "Outro" a quem é atribuído o lugar da subalternidade, da incapacidade, das práticas ilegais, incultas e hereges. A coluna Opinião, do Jornal Correio Braziliense, escrita por Sueli Carneiro durante a primeira década dos anos 2000, é identificada como um dispositivo que hackea a identidade construída pela racialidade ao trazer uma mulher negra posicionada falando sobre nós, negras/os.

Como forma de resistência ao controle e outras violências nas plataformas digitais, o texto "A experiência transformadora da 'Academia Preta Decolonial': tessituras de um diálogo com Nilma Lino Gomes e os 'saberes emancipatórios'", de Michelly Santos de Carvalho e Leila Lima de Sousa, relata a experiência do curso "Academia Preta Decolonial" e sua proposta de mudança educacional por meio de novas epistemologias e metodologias, que rompam com o pacto narcísico da branquitude e reforcem o combate ao epistemicídio.

As reflexões de Milton Santos sobre os sistemas tecnocientíficos são o mote a partir do qual Taís Oliveira e Tarcízio Silva refletem sobre tecnologias emergentes (plataformização do trabalho, inteligência artificial, mídia, etc.) no texto "Tecnologias Emergentes: reflexões a partir da Intelectualidade de Milton Santos". A inversão de propósito da tecnologia, que deveria beneficiar os seres humanos e vem nos tornando escravos do capital, é criticada ao longo do texto, que reflete sobre como a mudança das relações sociais tem sido induzida pela crença no caráter autônomo e a-histórico da tecnologia, que escamoteia as relações de exploração, fomenta a desconexão dos seres humanos com o seu entorno, produzindo ou reforçando formas diversas de violência, como o racismo.

Os conceitos de "contra-colonização", "confluência" e "transfluência", desenvolvidos por Nego Bispo - mestre e liderança do quilombo Saco-Curtume (Piauí), orientam a análise interseccional feita por

Mariana Soares da governança digital no Brasil no seu artigo "Antônio Bispo e o legado da contra-colonização: possibilidades para a governança da Internet".

As reflexões de Abdias Nascimento, Lélia Gonzalez, Beatriz Nascimento, Antônio Bispo, Clóvis Moura, Cida Bento, Nilma Lino Gomes, Milton Santos, Zélia Amador de Deus e Sueli Carneiro fundamentam as reflexões sobre a gente negra e suas tecnologias feitas pelas/os autoras/es no estudo de fenômenos como ativismos digitais, decolonialidade tecnológica, plataformização, racismo algorítmico e outros nesta obra que, parafraseando Ana Lúcia Silva Souza (2011), seria um projeto de "reexistência", ou seja, que questiona, contesta, cria e propõe alterações nos moldes e nos espaços já ratificados e socialmente legitimados em relação aos usos da tecnologia.

Referências Bibliográficas:

BARROS, Zelinda. **"Feminismo negro na internet: ciberfeminismo ou ativismo digital?"** Academia Edu, 2009. Disponível em: https://www.academia.edu/1497162/Feminismo_negro_na_Internet

BARROS, Zelinda; FONSECA, Yuri Crisostomo; UALI, Dauda. **"Brecha digital de gênero e raça na pesquisa sobre tecnologias digitais de informação e comunicação"**. Revista ODEERE, v. 7, n. 1, jan./jun., p. 203-216, 2022.

CUNHA JR., Henrique A. **Arte e tecnologia africana no tempo do escravismo criminoso**. Revista Espaço Acadêmico, n. 166, março 2015. p. 104-111.

CUNHA JR., Henrique A. **Tecnologia Africana na Formação Brasileira**. 1ª ed. Rio de Janeiro: Espalhafato Comunicação e Produção, 2010. v. 10000. 60p.

FREITAS, Henrique. **"Pilhagem epistêmica"**. In: MATOS, Doris Cristina Vicente da Silva; SOUSA, Cristiane Maria Campelo Lopes Landulfo de (Org.). Suleando conceitos e linguagens: decolonialidades e epistemologias outras. 1. ed. Campinas, SP: Pontes Editores, 2022. p. 305-312.

LIMA, Dulcilei da Conceição. **O Feminismo Negro na era dos ativismos digitais**. Conexão Política, Teresina v. 8, n. 1, p. 49-70, jan./jun. 2019.

MACHADO, Carlos Eduardo Dias. **Ciência, tecnologia e inovação africana**

e afrodescendente. 2ª ed. Brasília: Fundação Cultural Palmares, 2014.

MIGUEL, Ana de; BOIX, Montserrat. **"Os gêneros da rede: ciberfeminismos"**. In: NATANSOHN, Graciela. (Org.). Internet em código feminino: teorias e práticas. Ciudad Autónoma de Buenos Aires: La Crujía, 2013. p. 15-38.

NATANSOHN, Graciela. **"Que têm a ver as tecnologias digitais com o gênero?"**. In: NATANSOHN, Graciela (Org.). Internet em código feminino: teorias e práticas. Ciudad Autónoma de Buenos Aires: La Crujía, 2013. p. 15-38.

OYĚWÙMÍ, Oyèrónke. **A invenção das mulheres: construindo um sentido africano para os discursos ocidentais de gênero**. Rio de Janeiro: Editora Bazar do Tempo, 2021.

PINHEIRO, Bárbara Carine Soares. **Descolonizando saberes: a lei 10639/2003 no ensino de ciências**. 1. ed. São Paulo: Livraria da Física, 2018. v. 1. 174 p.

PINHEIRO, Bárbara Carine Soares. **História preta das coisas: 50 invenções científico-tecnológicas de pessoas negras**. 1. ed. São Paulo: Livraria da Física, 2021. v. 1. 73 p.

SOUZA, Ana Lúcia Silva. **Letramentos de reexistência. Poesia, grafite, música, dança: hip-hop**. São Paulo: Parábola, 2011.

Capítulo 01

Viviane Rodrigues Gomes
Viviane Gomes é jornalista e integra a coordenação de Blogueiras Negras e a Rede de Ciberativistas Negras; participa do Pontão de Cultura Digital da ECO/UFRJ e é filiada ao Grupo de Pesquisa em Políticas e Economia Política da Informação e da Comunicação da ECO/UFRJ. É mestre em Comunicação e Cultura pela Escola de Comunicação da Universidade Federal do Rio de Janeiro e sua pesquisa aborda os seguintes temas: ciberativismo, cibersegurança, cuidado digital, tecnopolítica, cultura de redes e feminismo negro.

Charô Nunes
Charô Nunes escreve. Arquiteta e Urbanista. Comunicadora pela defesa de direitos humanos.

Larissa Santiago
Larissa Santiago é comunicadora social formada em publicidade pela Universidade Salvador (Unifacs). Possui 14 anos de experiência em publicidade e tecnologia, tendo atuado em agências de Salvador, João Pessoa e Recife. Idealizadora das Blogueiras Negras, atua como coordenadora de articulação compondo, com a organização, a Rede de Ciberativistas Negras, a Rede Transfeminista de Cuidados Digitais e a Red de Mulheres Afrolatinoamericanas, Caribenhas e da Diáspora (ARMAAD).

Do Pretuguês Tecnológico à Blogagem Coletiva: A reconstrução de um caminhar tecnológico diante da virtualização da vida

Viviane Rodrigues Gomes
Charô Nunes
Larissa Santiago

Em 2020, a pandemia do Coronavírus alterou o funcionamento do mundo. Os impactos, além da perda de mais de um milhão de vidas e o sofrimento de vítimas, amigos e familiares, foram sentidos, em maior ou menor grau, em todos os setores das mais diversas sociedades. Realizar aulas remotas foi a saída para muitas escolas e universidades. Gerou, inclusive, a possibilidade de três coordenadoras do coletivo Blogueiras Negras[1] participarem como docentes de disciplina de graduação e extensão oferecida pelo curso de Comunicação Social da Universidade Federal do Rio de Janeiro[2].

A proposta da aula apresentada por Viviane Gomes, Charô Nunes e Larissa Santiago se dá a partir do termo "Pretuguês", de Lélia González, para explicar a profusão de iniciativas de pessoas negras, sobretudo de mulheres negras, na tecnologia e na política. Adicionalmente, propomos a criação de uma linguagem tecnológica baseada em Pretuguês para que o aumento do envolvimento de pessoas negras com a tecnologia seja instrumento de enfrentamento do racismo e do sexismo.

Nossos passos vêm de longe

Trabalhamos de forma central com dois textos de Lélia Gonzalez: "A categoria político-cultural de Amefricanidade" e "Racismo e Sexismo na Cultura Brasileira". A provocação veio de duas 'criadoras de caso'; 'malassombradas', como se diz em Salvador, BA. A primeira é Angela Davis, que, em 2019, lotou o Cine Odeon e a praça da Cinelândia no Rio de Janeiro. E, no início de seu discurso, disse que não sabia porque tinha tanta gente ali para ouvi-la se nós tínhamos Lélia Gonzalez.

A segunda malassombrada é Sueli Carneiro. Em 2020, durante um episódio do podcast Tecnopolítica (PODCAST TECNOPOLÍTICA, 2020), com o professor da Universidade Federal do ABC, Sérgio Amadeu, e o

[1] Disponível em: http://www.blogueirasnegras.org. Acesso em 31 de jan. de 2021.

[2] As aulas foram ministradas por Bruno Duarte, Márcia Gonçalves, Raika Moisés, Silvana Bahia e Viviane Gomes.

pesquisador Tarcízio Silva, Sueli informa que Geledés, instituição que preside, foi a primeira organização da sociedade civil no Brasil a criar um site em 1997. Sueli Carneiro explicou que a novidade foi proposta por ativistas norte-americanas, que diziam que a internet era o futuro.

Sueli disse que ninguém entendia de criação de 'sites', mas encararam a missão de construir um. Através dele, dava-se ciência das atividades, mas não se usava as potencialidades daquela ferramenta. "Então, ele ficava bem paradão", disse. Quando, as ações afirmativas começaram a pautar a agenda nacional, Sueli que, na época escrevia para o Correio Brasiliense, levou os debates da sua coluna para o site de Geledés[3]. O podcast é uma aula de história da internet, informando o que as mulheres negras estavam fazendo na alvorecer da rede.

Sueli conta as várias histórias e, num dado momento, declara:

> Às vezes, eu tenho a impressão de que eu trago notícias de outro mundo. Você porque é muito jovem e o Amadeu porque é muito branco. Eu acho que vocês têm uma impressão de que porque vocês não sabem que acontecia, não estava existindo. Então, tenho a impressão de que, na sociedade brasileira, se não deu na Globo, é porque não existe. Se não deu na Folha de São Paulo, ainda não existe. O branco, se ele ainda não sabe é porque não existe, e o jovem, como ele não tá sabendo, é porque não existiu. E tudo aconteceu, viu? Muito antes de vocês tomarem consciência ou surgirem. (PODCAST TECNOPOLÍTICA, 2020)

Havia, sim, mulheres negras no alvorecer da internet no Brasil, mas essa história não é contada sequer pelos novos projetos que incentivam a participação de mulheres negras na tecnologia – caminho, que já está sendo trilhado há algum tempo.

Numa reunião de Blogueiras Negras com Roselma Mendes e Maíra Araújo, da empresa de tecnologia Thoughtworks, imaginamos que Lélia Gonzalez poderia contribuir com esse debate. Pensamos no Pretuguês Tecnológico como uma tradução para facilitar o envolvimento da linguagem computacional para um público desfamiliarizado com ela.

Através de leituras e debates internos, ampliamos nossa compreensão sobre o termo Pretuguês e concluímos que, há tempos, as mulheres negras sabem, através da linguagem, que a tecnologia possui um papel preponderante nas sociedades atuais, e que se quisermos uma sociedade livre do racismo, do sexismo e das opressões, é preciso incidirmos

[3] Disponível em: http://www.geledes.org.br. Acesso em 31/01/ 2021.

também na tecnologia. Portanto, o Pretuguês Tecnológico seria uma ferramenta para atingimento desse objetivo, se constituindo numa linguagem computacional carregada de ancestralidade.

Lélia Gonzalez

Lélia Gonzalez, mulher negra também descendente de indígenas, mineira, foi caçula de 18 irmãos que fizeram com que ela estudasse. Nos anos 50 e 60, se graduou em Ciências e Letras, História, Filosofia e Antropologia. Só na graduação, percebeu contradições relacionadas à raça porque, até então, seu corpo refletia um amplo processo de embranquecimento. Na universidade, quando sua percepção foi ampliada, adotou a luta contra as opressões, especialmente o racismo e o sexismo, como caminho de vida.

Lélia construiu pelo menos quatro categorias originais: Amefricanidade (Brasil, África e América 'Ladina'); feminismo afroladinoamerciano; mulher negra (pensando a interseccionalidade de gênero, classe e raça, mesmo antes que o termo fosse cunhado por Kimberlee Crenshaw); e Pretuguês. Para ela, a academia, a universidade – um espaço que, hoje, a população negra ainda luta para estar – era um lugar importantíssimo para a construção das mudanças sociais necessárias, mas poucas pessoas, naquele momento, o viam como um ambiente fundamental a ser conquistado.

Lélia legitimou a complexidade das mulheres negras e conferiu respeitabilidade à produção intelectual de mulheres negras ativistas. Viajou muito e estabeleceu diálogos com os movimentos que lutavam por direitos tanto nos Estados Unidos como em países do Caribe e da África, que viviam o contexto da descolonização. A partir da vivência e das trocas, entendeu que o Brasil fazia uma síntese da experiência africana na diáspora.

As articulações que Gonzalez realizou foram num contexto de ditadura e, quando houve a abertura política, ela viu que as mulheres negras não só deveriam ocupar lugar na academia, mas na militância, nos encontros internacionais e espaços políticos. Foi filiada ao Partido dos Trabalhadores (PT). Candidatou-se, mas não foi eleita. Ocupou cargos públicos de livre nomeação e absorveu as críticas daqueles que não reconheciam a presença de uma mulher negra numa secretaria de governo como um importante resultado da militância negra. Lélia queria estar no Congresso Nacional; queria alterar as leis, mexer nos códigos. Ela defendeu que a mudança social que a população negra necessitava poderia ser provocada de dentro pra fora.

O quadro da classe política: é a mesma coisa desde que o Brasil é Brasil. É o cara, daqui a pouco é filho o dele, daqui a pouco é o neto dele, o poder rola nas mesmas mãos e nós ficamos de fora, nós que somos o povo – o movimento negro cultural está cansado de mostrar que nós somos o povo, já provou isso tranquilamente pra todo mundo. (GONZALEZ, 1988)

Foi fundamental na derrubada do mito da democracia racial. Esse que diz que racismo no Brasil não existe porque somos todos miscigenados e que esse fato tornaria nossa convivência pacífica. Hoje, é nítido que a convivência entre negros, indígenas e brancos pode ser qualquer coisa, menos pacífica. Lélia fez uma leitura incrível da realidade, articulou e relacionou grandes temas e apontou caminhos de luta para superação do racismo e do sexismo.

Não fazia acordo com racistas e lutou até o fim contra quem dizia que as reivindicações do 'crioléu' dividia o movimento de luta popular. Lélia botava a cara pra bater. Talvez, hoje, disséssemos que ela botaria a cara na live, com toda sua estética, existência, corpo político e com toda sua linguagem. Com sua capacidade de sensibilizar sobre a legitimidade da luta pela libertação negra. Buscava constantemente a verdade:

> Minoria a gente não é, tá? A cultura brasileira é uma cultura negra por excelência, até o português que falamos aqui é diferente do português de Portugal. Nosso português não é português é 'pretuguês. (GONZALEZ, 1988b)

Lélia retornou ao Orun em 1994, precocemente, vítima de todos os atravessamentos que o racismo e o sexismo produzem nos corpos das mulheres negras, aos 59 anos. Seu legado, assim como de Beatriz Nascimento, Luiza Bairros, Abdias do Nascimento, ainda carece de apropriação por parte da academia. Nossa abordagem também se constitui numa tentativa de contribuir nessa perspectiva.

Amefricanidade

O primeiro artigo que trabalhamos trata da categoria de Amefricanidade e mostra o quão revolucionária era a proposta de Lélia. O texto começa com as referências. A inspiração dela foi o frescor dos trabalhos de Bety Milan e MD Magno para explicar a construção político-cultural do Brasil. Gonzalez se interessou sobre aquele pensamento porque era diferente daquilo que geralmente se afirmava. Para

Gonzalez, dizer que as raízes do Brasil eram europeias, evidencia a neurose do racismo à moda brasileira na denegação de quem é racista e 'jura de pé junto' que não é.

Lélia explica o Pretuguês: "marca da africanização do português falado no Brasil". Um falar de caráter tonal e rítmico das línguas africanas e a ausência de certas consoantes do o 'l' e o 'r', que junto com outros traços marcantes como a música, as danças, o sistema de crenças, o despojamento, a alegria, o samba, a feijoada, a criatividade formam o que se conhece por cultura brasileira. A mesma que, segundo a autora, o viés do branqueamento eurocêntrico marca como cultura popular e folclore nacional quando quer minimizar a importância da contribuição negra na formação da nossa cultura.

A partir de suas viagens, Lélia percebeu similaridades entre nós, brasileiros, países africanos e das Américas. Essas similaridades a fizeram pensar numa categoria do que nos faz únicos, diante de uma construção cultural e social tão complexa. E, antes de chegar ao termo Amefricanidade, Lélia explica no texto que falará sobre racismo, colonialismo, imperialismo e seus efeitos.

Enfatiza que a segunda metade do séc. XIX foi marcada pelo período colonial e, nesse período, o racismo foi configurado como ciência que explicava a superioridade eurocristã, estruturada no modelo ariano de existência. Portanto, tudo o que não era conformado nesse modelo era visto como absurdo, exótico, selvagens, infantis, sem inteligência, sem moral. A resistência dos povos colonizados foi combatida com tanta violência que chegou a parecer uma verdadeira superioridade. De acordo com Lélia, o objetivo dessa superioridade, amparada pelo racismo, é a manutenção da exploração e da opressão.

Para a autora, o racismo pode se manifestar de duas formas. Através do racismo aberto, comuns nas culturas anglo-saxônicas, explora e oprime quem tem sangue negro nas veias. A miscigenação é impensada aqui. Embora a violência sexual fosse comum, brancos desejavam manter a pureza e a superioridade que acreditavam ter. Neste modelo, a identidade racial é reforçada, não fragmentada. A segunda, é por meio do racismo disfarçado, que Lélia chamou de racismo por denegação, composto a partir de teorias da miscigenação, da assimilação e da democracia racial, característico dos países de colonização latina, luso-espanhola, principalmente. Para Lélia, este tipo de racismo é o que provoca mais alienação dos discriminados. Ela explica que a força desse racismo tem origem na formação desses países, numa exímia articulação de relações raciais das invasões mouras, judaicas e árabes.

É uma prática que populariza que racismo no Brasil não existe porque o negro conhece o seu lugar. Trata-se de um racismo sofisticado que faz com que negros e indígenas naturalizem numa 'condição' de subordinação em relação a brancos.

Lélia também percorre os estudos da comunicação e afirma que os meios de comunicação perpetuam valores brancos como os únicos verdadeiros e universais. E os efeitos da propagação desses valores nos meios de comunicação, se mostram na fragmentação da identidade racial de negros e indígenas com o desejo de embranquecer, de 'limpar' o sangue, de não se reconhecer em sua própria cultura.

Interessada em reforçar a importância do espaço acadêmico, Lélia Gonzalez olha para a produção científica dos países de racismo aberto. Para ela, nesses países a produção tem avanço, autonomia, inovação, diversificação e credibilidade. Ela ressalta que é o racismo sem disfarces e o conhecimento de suas práticas que desperta empenho para resgatar a humanidade de negros e negras e a luta contra as formas de opressão.

Para construir a categoria Amefricanidade, Lélia analisa o imperialismo exercido pelos Estados Unidos. Verifica que a população negra norte-americana rejeita vários termos relacionados à auto identificação e percebe contradições nessa rejeição.

Ela se fixa em dois termos: afro-american e african-american. Por meio da análise deles, ela infere que a população negra norte-americana acredita que só existem negros naquele local das Américas e que os Estados Unidos são toda a América.

Provocadora, Lélia critica o imperialismo perguntando se faz sentido um brasileiro dizer que está indo pra América ao viajar para os Estados Unidos, uma vez que o Brasil também é um país da América (do Sul).

Nesse ponto, Lélia propõe um termo para designar a todos nós: amefricanidade. Amefricanidade ultrapassa as limitações territoriais, linguísticas, ideológicas e incorpora um processo histórico de intensa dinâmica cultural (adaptação, resistência, reinterpretação e criação de novas formas) que é afrocentrada. Ela vê a formação de uma unidade formada por diversas sociedades num tempo e num espaço geográfico específicos.

Lélia destaca que o racismo tirou o nosso legado, nossa dignidade, história, contribuição para o aperfeiçoamento da humanidade nos níveis filosófico, científico, artístico e religioso. Sugere que é preciso reconhecer nossa heroica resistência e criatividade na luta contra a escravização, o extermínio, a exploração, a opressão e a humilhação porque apagaram nossas memórias e calaram nossas vozes fazendo com que a gente acreditasse que não lutamos por liberdade. Essa mentira precisa ser desfeita e Amefricanidade permite olhar a realidade sem idealizações. Então, Lélia Gonzalez amarra o texto e revela que fala de linguagem. Ela diz "Toda linguagem é epistêmica" (GONZALEZ, 1988b), ou seja, contribui para o entendimento da realidade e que uma linguagem revolucionária não pode confundir.

"I – Cumé que a gente fica?"

O outro artigo de Lélia Gonzalez que inspirou nossa reflexão é "Racismo e Sexismo no Brasil". Trazemos partes desse consagrado prólogo:

> Foi então que uns brancos muito legais convidaram a gente prá uma festa deles, dizendo que era prá gente também. Negócio de livro sobre a gente, a gente foi muito bem recebido e tratado com toda consideração. Chamaram até prá sentar na mesa onde eles tavam sentados, fazendo discurso bonito, dizendo que a gente era oprimido, discriminado, explorado. Eram todos gente fina, educada, viajada por esse mundo de Deus. Sabiam das coisas. E a gente foi sentar lá na mesa. Só que tava cheia de gente que não deu prá gente sentar junto com eles (...) Tinham chamado ela prá responder uma pergunta. Ela se levantou, foi lá na mesa prá falar no microfone e começou a reclamar por causa de certas coisas que tavam acontecendo na festa. Tava armada a quizumba. (...) Foi aí que um branco enfezado partiu prá cima de um crioulo que tinha pegado no microfone prá falar contra os brancos. E a festa acabou em briga... (...) Agora, aqui prá nós, quem teve a culpa? Aquela neguinha atrevida, ora. (...) Não é a toa que eles vivem dizendo que 'preto quando não caga na entrada, caga na saída (GONZALEZ, 1984, xx)

Na lata: "o que aconteceu para que o mito da democracia racial tivesse tanta aceitação? E tivesse validade por tanto tempo? Quais foram os processos que determinaram sua construção?; Que é que ele oculta, para além do que mostra?; Como a mulher negra é situada no discurso?" (GONZALEZ, 1984, p.224). Lélia não aceita o estabelecido. Observa, se incomoda, questiona. Olhou para a mulata, a doméstica e a mãe preta.

Com Freud e Lacan[4] ela mergulhou de vez na linguagem. "O dizer mais do que se sabe", "Não dizer o que sabe', "Falar e não dizer nada", "Dizer outra coisa que não o que se diz". Isso que já foi defeito de lingua-

[4] Sigmund Freud foi médico neurologista e criador da psicanálise. Jacques Lacan foi psicanalista.

gem, passou a ter propriedades positivas do ato de falar com a oratória, com a eloquência. Ou seja, o que era considerado lixo, que a lógica descartava, virou material de análise e acabou sendo ressignificado.

Lélia argumentou que a lógica da dominação coloca negros na lata do lixo da sociedade brasileira e que, a partir desse lugar, e com o auxílio da psicanálise, podemos fazer algumas perguntas e uma delas é "Por que o negro é isso que a lógica da dominação tenta (e consegue muitas vezes, nós o sabemos) domesticar?"

O risco que assumimos aqui é o do ato de falar com todas as implicações. Exatamente porque temos sido falados, infantilizados (infans, é aquele que não tem fala própria, é a criança que se fala na terceira pessoa, porque falada pelos adultos), que neste trabalho assumimos nossa própria fala. E, magistralmente irônica, diz: "Ou seja, o lixo vai falar, e numa boa." (GONZALEZ, 1984, 225)

A primeira coisa que a gente percebe, nesse papo de racismo é que todo mundo acha que é natural. Que negro tem mais é que viver na miséria. Por que? Ora, porque ele tem umas qualidades que não estão com nada: irresponsabilidade, incapacidade intelectual, criancice, etc. e tal. Daí, é natural que seja perseguido pela polícia, pois não gosta de trabalho, sabe? Se não trabalha, é malandro e se é malandro é ladrão. Logo, tem que ser preso, naturalmente. Menor negro só pode ser pivete ou trombadinha, pois filho de peixe, peixinho é. Mulher negra, naturalmente, é cozinheira, faxineira, servente, trocadora de ônibus ou prostituta. Basta a gente ler jornal, ouvir rádio e ver televisão. Eles não querem nada. Portanto têm mais é que ser favelados. (GONZALEZ, 1984, 226)

O corpo de Lélia ganha materialidade no seu texto. Ela explode com os códigos da língua portuguesa formal. Ao mesmo tempo, dialoga com termos como epistemologias, referencial teórico etc. Apresentou este artigo num evento acadêmico e jogou na cara da plateia, majoritariamente branca, o racismo disfarçado, racismo por denegação. "'Preto aqui é bem tratado, tem o mesmo direito que a gente tem.' 'Tanto é que, quando se esforça, ele sobe na vida como qualquer um.' 'Conheço um que é médico; educadíssimo, culto, elegante e com umas feições tão finas... nem parece preto.' 'E se a gente se revolta contra tudo isso, logo, a gente tá partindo para uma crioulice.' Muito rapidamente, outra pessoa nos diz para nos comportarmos como gente" (GONZALEZ, 1984). Durante muito tempo, aceitamos em silêncio essas sugestões mentais. Não faz sentido aceitarmos agora.

No trabalho de Lélia, a mulata é rebolante, sorridente, rainha. É aquela que distribui beijos como se fossem bênçãos no carnaval. Perde seu anonimato e se transfigura na Cinderela do Asfalto, adorada, desejada, devorada pelo olhar dos príncipes altos e loiros, vindos de terras distantes para vê-la.

A doméstica é a mulher negra na prestação de bens e serviços. É o 'burro de carga' que carrega sua família e a dos outros nas costas. Essa mulher negra não é exaltada, na verdade, é o oposto da exaltação porque ela está no cotidiano, invisibilizada como trabalhadora doméstica. Mesmo uma mulher negra de classe média, 'educada' e 'bem-vestida' é levada para entrar nos prédios pela porta de serviço, obedecendo instruções de síndicos brancos (os mesmos que nos 'comem com os olhos' no carnaval) que acreditam que as mulheres negras só podem ser domésticas, logo, devem entrar pela entrada de serviço. (idem)

Essa mulher negra, que mora na periferia, nas 'Baixadas', é a que sofre mais tragicamente os efeitos da terrível culpabilidade branca. Ela sobrevive da prestação de serviços e sustenta a família praticamente sozinha. Seus homens – seu pai, seus irmãos, seus companheiros ou seus filhos – são objeto de perseguição policial sistemática; jovens negros, com menos de trinta anos assassinados; exterminados. Quando não são mortos formam a maioria da população carcerária brasileira. "A sistemática repressão policial, dado o seu caráter racista, tem por objetivo próximo a instauração da submissão", diz Lélia.

Conseguimos visualizar o lugar do negro. Foi a senzala, o navio negreiro, o açoite, agora são as favelas, os cortiços, as invasões, alagados, conjuntos "habitacionais" e periferias. Está dada a divisão racial do espaço urbano. Constata-se a existência de famílias negras inteiras amontoadas em cubículos cujas condições de higiene e saúde são as mais precárias. Quando nos defrontamos com uma pandemia ou epidemia sanitária como de Dengue, Zika, Chikungunya ou Covid-19, a gente nota isso com mais nitidez, mas ninguém faz nada. "Parece que a gente não chegou a esse estado de coisas. O que parece é que a gente nunca saiu dele", desabafa Lélia.

Mais uma vez, Léliz Gonzalez usa a ironia para dizer que Gilberto Freyre dá uma colher de chá aos negros nos apontando características positivas, descrevendo algumas de nós como "figura boa da ama negra", da "mãe preta", da "bá", que "cerca o berço da criança brasileira de uma atmosfera de bondade e ternura".

Para Lélia, é essa figura doce e amena que vai dar uma rasteira nos brancos. É ela que vai colocar na boca da moçada branca o Pretuguês porque ela é a mãe.

É ela que amamenta, que dá banho, que limpa cocô, que põe prá dormir, que acorda de noite prá cuidar, que ensina a falar, que conta história e por aí afora. É ela que vai cumprir a função materna, da internalização de valores, ao ensino da língua materna e a uma série de outras coisas. Ela vai colocar o pretuguês na boca das crianças brancas. (GONZALEZ, 1984, p.235)

Ela passa para a criança todo esse mundo de coisas que a gente chama de linguagem. Graças a ela, ao que ela passa, que negros e negras do Brasil conseguiram entrar na ordem da cultura porque ela ensinou os meninos que, no futuro, vão nomear as coisas. Depois, os brancos descobriram essa estratégia, mas já era tarde. Como disse Lélia, "a rasteira já está dada". Tava feito, tava feito! O Brasil foi africanizado pela linguagem.

É engraçado como eles gozam a gente quando a gente diz que é Framengo. Chamam a gente de ignorante dizendo que a gente fala errado. E de repente ignoram que a presença desse r no lugar do l, nada mais é que a marca linguística de um idioma africano, no qual o l inexiste. Afinal, quem que é o ignorante? Ao mesmo tempo, acham o maior barato a fala dita brasileira, que corta os erres dos infinitivos verbais, que condensa você em cê, o está em tá e por aí afora. Não sacam que tão falando pretuguês. (GONZALEZ, 1984, p.238)

Linguagem é um sistema de códigos

Graciela Selaimen escreveu um texto que fala sobre a necessidade de aumentar a atuação e a presença de mulheres na tecnologia, nos espaços online, na produção coletiva de conhecimento. Ela pergunta: quais seriam as possibilidades da criação de uma linguagem computacional que não coloque 'o homem', o ser masculino, no lugar central? Para ela, escrever códigos pode ressignificar a história das mulheres.

Trazemos uma passagem desse texto:

Códigos e protocolos computacionais determinam e governam a maneira como tecnologias de informação e comunicação são conformadas, adotadas, implementadas e utilizadas pelas pessoas. Artefatos tecnológicos são artefatos políticos - incorporam visões de mundo e formas específicas de exercício de poder em vários níveis - sendo que é no nível dos códigos e dos protocolos que este exercício ocorre de maneira mais invisível. Não percebemos o código enquanto ele opera – por isso mesmo, a necessidade de se olhar para os aspectos políticos, econômicos, sociais e culturais embutidos na construção de códigos e protocolos é ainda mais relevante, levando-se em conta que as tecnologias podem servir a uma variedade de interesses; podem fortalecer as estruturas do poder hegemônico e também podem fortalecer a resistência contra estas estruturas. (SELAIMEN, 2013)

Imaginamos que Lélia gostaria de ver e entender os códigos, imaginamos que ela gostaria de ver programas computacionais escritos em Pretuguês.

Até quando seremos cativos de uma linguagem racista?

O Pretuguês Tecnológico é um exercício de imaginação para desenvolvermos uma outra linguagem computacional carregada de ancestralidade. Para o Pretuguês Tecnológico, a gente tem que entender que a luta contra o racismo é coletiva e que muitas vieram antes de nós para que possamos ter orgulho de falar Pretuguês. A gente está caminhando para recuperar o nosso legado, nossa dignidade, nossa história, nossa criatividade e resistência de luta contra as mais diversas formas de opressão.

A melhor definição de algoritmo que ouvimos o define como uma receita para que alguma coisa seja feita[5]. Se queremos fazer um bolo, a receita do bolo pode ser considerada os algoritmos do bolo. Se quero trocar uma lâmpada, o conjunto de ações que precisam ser realizadas representa o algoritmo para trocar a lâmpada.

Nessa proposta, a linguagem do Pretuguês Tecnológico ajudaria a criar uma receita para a transformação da humanidade, livre de racismo, e sexismo, da homofobia, transfobia e todas as outras opressões.

[5] Oficina de Iniciação à Front-end e Back-end para Mulheres Negras realizado pelo Olabi - uma organização social que busca democratizar a produção de tecnologia na construção de um mundo mais diverso e justo. Criou a iniciativa PretaLab, que acredita no protagonismo das meninas e mulheres negras e indígenas nos campos da inovação e tecnologia como forma de reduzir as desigualdades sociais do país.

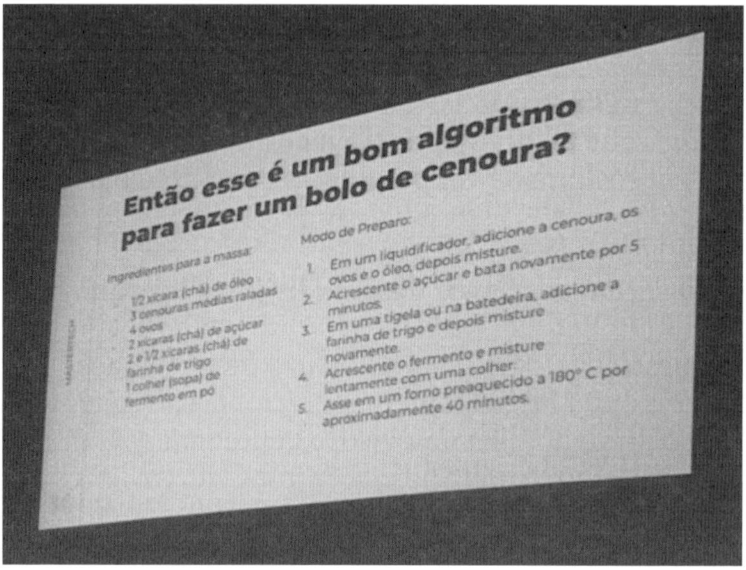

Figura 1: Receita de bolo de cenoura como explicação sobre o que são algoritmos. Oficina realizada nos dias 1 e 2 de junho de 2019 pela Mastertech no Olabi, Rio de Janeiro.

Só para exemplificar visualmente o que estamos propondo com a figura 2. let idade = prompt ("Quantos anos você tem?") é uma linha de comando. Let é uma palavra que cria uma variável a partir do termo que estiver à direita. Nesse caso, o termo é idade. Prompt é um comando que abre uma janela de entrada com um texto que vai perguntar para 'usuárie' o que está dentro das aspas, ou seja, quantos anos você tem.

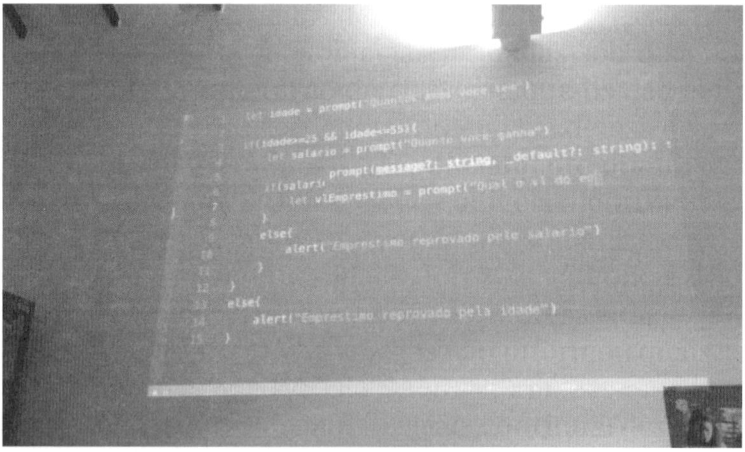

Figura 2: Algoritmos para concessão de empréstimo. Oficina realizada nos dias 1 e 2 de junho de 2019 pela Mastertech no Olabi, Rio de Janeiro.

Uma outra linha diz if (idade >=25 && idade<=55). 'If' é uma palavra reservada a um teste. O comando é para testar o que está em parênteses, no caso, o sistema pede para testar a idade. Se a idade for maior ou igual a 25 anos e, 'e' aditivo representado pelo &&, se a idade for menor ou igual a 55 anos, o sistema estará autorizado a executar a linha entre chaves, que não trouxemos aqui porque o artigo não é exatamente sobre programação, mas se trata de um empréstimo. Então, o sistema vai autorizar o empréstimo se a idade da pessoa for maior ou igual a 25 anos e menor ou igual a 55 anos. Se o teste falhar, ou seja, se a idade da pessoa que quer o empréstimo não estiver dentro dos parâmetros estabelecidos, a gente vai ter outra linha que comando que vai dizer o que fazer. 'Else' é o 'se não'. Se a sentença não for verdadeira, não for válida, vamos colocar dentro do 'Else' a resposta 'Seu empréstimo não foi autorizado'. Lembrando que este é um exercício de imaginação, se a gente trocasse if por 'testa aí'? '&&' por 'e também' – por mais redundante que pareça ser? 'Else', por 'se não for'. E por aí vai...

O incômodo que sentimos estudando Lélia Gonzalez é que a gente tá focando em aprender essa dinâmica - escrita em inglês - fortalecendo um imperialismo global tecnológico com a partir da mesma lógica do ser humano universal. O ser humano universal que usa uma linguagem computacional universal. Ora, nós, pessoas negras, indígenas, árabes, orientais, LGBTQI+, sabemos que o ser humano universal não nos contempla.

A gente tá ousando pouco para as mudanças que precisam ser feitas. Podem dizer que vai ser muito difícil encontrar um padrão de sintaxe para que o código seja interpretado em outros locais ou vão dizer que as mudanças geram muita sujeira no código. Sacaram as armadilhas? Vão dizer que a tarefa é difícil e, então, é melhor deixar como está. É o mesmo que dizer vamos construir um mundo novo, mas sob as mesmas bases. Não faz sentido. Ninguém disse que seria fácil, mas a gente não está nem tentando. O perigo é a gente se dar por 'satisfeite' aprendendo a mudar a aparência, ou seja, só o que está entre aspas no 'prompt', e continuar a consumir tecnologias racistas e enviesadas que não nos consideram. De novo, sacaram a armadilha?

Escrita, inscrição e memória

Entendemos que a escrita possibilita deixar nossas marcas no mundo; com ela podemos inscrever, ou melhor, nos reinscrever no mundo. A busca por espaços de fala na internet nos lembra de nós mesmas com a Blogagem Coletiva Mulher Negra, que nasce com o objetivo de aproximar os debates do Dia da Consciência Negra e o Dia Internacional da Não-violência contra a Mulher. O resultado mostrou a existência de um grupo de mulheres negras escrevendo e se reinscrevendo muito e bem. Apontou também, a necessidade de criação de espaços para visibilizar essas escritas. Dessa iniciativa surgiu as Blogueiras Negras, que formam hoje uma comunidade com mais de 1.300 mulheres, que lutam, vivem e partilham um projeto feminista, antirracista e tecnológico na sociedade. No entanto, só recentemente 'as mulheres de pena e teclado' conseguiram se assumir como desenvolvedoras de tecnologia.

Demoramos a entender que trabalhávamos com tecnologia, apesar de realizarmos um conjunto de atividades feito a partir de um blog e outras ferramentas de interação disponíveis na internet. Isso aconteceu, principalmente, porque nos acostumamos a imaginar que para trabalhar com tecnologia precisamos nos envolver com as camadas mais profundas da tecnologia. Os códigos de computador nos mostram isso porque para entendê-los precisamos decodificar essa linguagem. Se não conseguimos, estamos distantes desse universo. Porém, atuar na camada mais superficial da produção de conteúdo na internet também é se implicar com tecnologia. Essa produção envolve gerenciar um blog, documentar o que fazemos no sistema de administração, escolher programas que vão interagir com ele, fazer as atualizações desses programas, resolver problemas quando o blog sai do ar e quando sofremos ataques, quando dá erro de DNS ou quando temos que implementar o certificado SSL.

Apesar de toda narrativa que foi criada em torno da internet, sobre ser um território livre e que a gente poderia falar com pessoas do outro lado do mundo, a verdade é que ela sempre foi um território hostil e quem tinha voz eram homens cisheteronormativos, brancos e ricos. A blogosfera tinha esse perfil nas décadas de 80 e 90, mas as mulheres negras estavam lá, como nos disse Sueli Carneiro. O que Blogueiras Negras começaram a fazer foi agrupar, juntar o que estava disperso. Sabíamos que estávamos sendo ousadas, mas não tínhamos a perspectiva de falar em acervo ou memória. Hoje, vemos que para entender o que começamos a fazer na virada do século, a gente tem que compreender o que foi feito 30 anos antes. Todo trabalho de Blogueiras Negras e dessa comunidade de autoras que escreveram os mais de 1.300 textos que compõem o acervo que guardamos se destinam a propagar os assuntos que nos interessam.

Comemoramos o aumento da presença de mulheres negras na tecnologia, mas as experiências de violações dos nossos direitos em espaços online nos mostram que precisamos ousar mais pois os processos de virtualização ocupam um lugar central na contemporaneidade. O Pretuguês Tecnológico traz uma perspectiva de ancestralidade que valoriza o legado das mulheres que, antes de nós, trilham possibilidades de um mundo sem opressão ou exploração.

Referências Bibliográficas:

GONZALEZ, Lélia. **A categoria político-cultural de amefricanidade**. In: Tempo Brasileiro. Rio de Janeiro, Nº. 92/93 (jan./jun.). 1988b, p. 69-82.

GONZALEZ, Lélia. **Racismo e Sexismo na cultura brasileira**. In: Revista Ciências Sociais Hoje, Anpocs, 1984, p. 223-244.

PODCAST TECNOPOLÍTICA. **Tecnopolítica #50: Tecnologia e Racismo**. Disponível em: https://www.youtube.com/watch?v=TbsuDny0uLY. Acesso em 31 de jan. de 2021.

SELAIMEN, Graciela. **Mulheres Desenvolvedoras de Tecnologias: o desafio das histórias invisíveis que moram entre zeros e uns. In: Internet em código feminino: teorias e práticas** / - 1a ed. - Ciudad Autónoma de Buenos Aires : La Crujía, 2013. - (Futuribles; 0). E-Book. p. 137-150

Dulcilei da Conceição Lima

Doutora em Ciências Humanas e Sociais pela Universidade Federal do ABC. Mestra em Educação, Arte e História da Cultura pela Universidade Presbiteriana Mackenzie (2011). Bacharel em História - FFLCH- USP (2003). Atualmente é Pesquisadora em Ciências Sociais e Humanas no Centro de Pesquisa e Formação - Sesc / SP. Integra a pesquisa Caleidoscópio das Ações Afirmativas: Avaliações, Experiências e Alcances das Políticas de Cotas nas Universidades Públicas (CNPq).

O exercício do sujeito posicionado de Beatriz Nascimento por feministas negras nas redes sociais

Dulcilei da Conceição Lima

Beatriz Nascimento (1942-1995), historiadora sergipana, ativista do movimento social negro, poeta e professora da rede pública de ensino nos deixou como legado uma contribuição fundamental sobre racismo e cultura negro-brasileira que segue pouco conhecida e estudada. A historiadora buscou o desenvolvimento de um pensamento próprio resultando na conceituação do termo cultura da discriminação (RATTS, 2006).

Beatriz analisa a cultura negro-brasileira como um resultado de matrizes africanas e processos de subjugação que teriam constituído uma cultura que não apenas preserva alguns elementos de origem africana, mas também preserva as estruturas coloniais de submissão. Dessa forma, propõe que as tradicionais culturas afro-brasileiras sejam repensadas pelos sujeitos negros e modificadas de modo a excluir tais estruturas (RATTS, 2006).

Nascimento critica o uso de termos como aceitação, integração e igualdade, por considerá-los termos que refletem o ponto de vista do grupo hegemônico, nesse sentido, considera tais termos como aspectos do racismo. Sugere que o indivíduo negro se aproprie dos estudos raciais e questione a validade de conceitos como esses, oferecendo como contraponto noções desenvolvidas a partir de uma perspectiva própria, ou seja, a partir da experiência do sujeito racializado. Razão pela qual o antropólogo Alex Ratts (2006, p. 39) afirma: "Beatriz discute o que hoje denominamos em Ciências Sociais de sujeito posicionado".

O projeto proposto por Beatriz Nascimento vem sendo realizado, em certa medida, por intelectuais negras/os/es que chegaram à pós-graduação a partir dos anos 1990. Esses/as intelectuais produzem conhecimento científico a partir de suas experiências como sujeitos racializados no intuito de "dar visibilidade a subjetividades, desigualdades, silenciamentos e omissões em relação a determinados grupos sociorraciais e suas vivências" (GOMES, 2010, p. 443).

Como indivíduos oriundos de grupos subalternizados, tais intelectuais questionam a produção hegemônica do conhecimento acadêmico e a relação entre "a universidade, a ciência, a produção, o reconhecimento e a distribuição desigual do conhecimento na sociedade" (GOMES, 2010, p. 444).

Nesse sentido, propõe-se como desafio a

> [...] abertura do olhar da ciência e de grupos que ocupam espaços de poder e decisão no campo da pesquisa científica para que enxerguem a realidade social para além do socioeconômico e compreendam o peso da cultura, das dimensões simbólicas, da discriminação, do preconceito, da desigualdade racial, de gênero e de orientação sexual na vida dos sujeitos sociais. Tal desafio está também no entendimento de que não há como hierarquizar desigualdades. Ou seja, toda e qualquer forma de desigualdade precisa ser superada. Esse grupo de intelectuais desafia a ciência a entender as imbricações das dimensões socioeconômicas, culturais e políticas e não de hierarquizá-las. (GOMES, 2010, p. 443-444)

O indivíduo negro assume, dessa forma, a produção de um conhecimento posicionado sobre a temática racial, desenvolvendo uma produção pautada "pelo olhar crítico e analítico do próprio negro" (GOMES, 2010, p. 444) como pesquisador dos temas pertinentes à sua vivência como membro de uma coletividade racializada sujeita às agruras de uma sociedade profundamente racista. No entanto, afirma Gomes (2010, p. 444-445),

> Essa inserção sem dúvida, traz tensões. Enriquece e problematiza as análises até então construídas sobre o negro e as relações raciais no Brasil, ameaça territórios historicamente demarcados dentro do campo das ciências sociais e humanas, traz elementos novos de análise e novas disputas nos espaços de poder acadêmico. É também colocada sob suspeita por aqueles que ainda acreditam na possibilidade de produção de uma ciência neutra e descolada dos sujeitos que a produzem.

Ao entrevistar mulheres negras feministas que atuam nas redes sociais para a tese #Conectadas: o feminismo negro nas redes sociais, constatei que para tais mulheres o feminismo negro além de um movimento político, é também um movimento intelectual dedicado a desenvolver e disseminar concepções teóricas, métricas de análise, metodologias de pesquisa e epistemologias. O propósito deste artigo é compartilhar algumas das descobertas feitas na tese acerca da atuação de feministas negras nas redes sociais, especialmente quanto a produção e difusão de conhecimentos sobre raça, gênero, classe e sexualidade em suas formas interseccionadas, em plataformas da internet como Facebook e Twitter estabelecendo uma relação entre suas práticas e a proposição de Beatriz Nascimento acerca da apropriação pelo/a negro/a/e dos estudos raciais, subsequente questionamento de certos conceitos e desenvolvimento de outros a partir da experiência de intelectuais racializados/as/es.

Beatriz Nascimento e a perspectiva negra

Beatriz Nascimento foi uma pensadora que se ocupou em refletir sobre questões que no cenário contemporâneo adquiriram centralidade, como o papel desempenhado por pessoas negras na universidade, bem como sua receptividade, no espaço acadêmico. Nascimento foi da primeira geração de pessoas negras que chegou em maior número no ensino superior, geração que produziu importantes intelectuais negros/as/es que contestaram os vieses hegemônicos de interpretações desenvolvidas por intelectuais brancos/as.

A recente ampliação do acesso da população negra à universidade fomentou um crescimento exponencial de estudos, pesquisas e interpretações da realidade social negra feita por pesquisadores negros/as/es. Surgiram novos enfrentamentos acadêmicos face ao racismo persistente na academia e à presença de corpos/as negros/as/es nesse espaço frequentemente branco.

Um dos muitos desafios de pessoas negras acadêmicas é lidar com a resistência de professores, orientadores e programas de pós-graduação à incorporação de pesquisadores negros/as/es nas bibliografias de cursos e pesquisas. Esses intelectuais são frequentemente "esquecidos" em revisões bibliográficas e eventos acadêmicos. A obra de Beatriz Nascimento padece desse "esquecimento" voluntário no ambiente acadêmico, só recentemente, por força da mobilização de mulheres negras, em sua maioria feministas, que chegaram ao ensino superior, é que sua produção vem sendo mais lida, divulgada e celebrada.

Conforme Ratts (2006), tal situação evidencia a resistência dos setores acadêmicos em reconhecer a produção de conhecimento de pessoas negras, habituados que estavam a ter o negro como objeto de estudo, mas não como o protagonista e intérprete de sua própria condição. Pesquisadores negros/as/es frequentemente se referem às acusações que recebem de professores e orientadores de que estariam fazendo militância e não pesquisa acadêmica e não raro são instados a optar por um desses caminhos, sob o pretexto da "imparcialidade" na pesquisa. Nessa perspectiva, negros/as não estariam aptos/as a pesquisar temas de relações raciais, negritudes, história e cultura afrobrasileira pela impossibilidade (especialmente emocional) de se afastar do seu objeto de pesquisa, o que remete a um estereótipo comum atribuído ao indivíduo negro sobre uma suposta irracionalidade e inclinação à passionalidade. Argumento falacioso e portador de um racismo ordinário se considerarmos que aos pesquisadores brancos tudo o que é pertinente à sua história e cultura é passível de pesquisa sem que se acuse tais indivíduos de parcialidade ou enviesamento.

O que se tem visto como resultado da multiplicação de indivíduos negros no ensino superior e particularmente na pós-graduação é a ampliação de repertórios, novas perspectivas e interpretações sobre a condição negra, muitas das quais a partir de caminhos não-hegemônicos. Algo com o qual sonhou Beatriz Nascimento ao propor que pesquisadores/as negros/as assumissem a tarefa de escrever a História da população negra brasileira a partir não só das tradicionais ciências sociológicas, mas incorporando perspectivas próprias:

> Devemos fazer a nossa História, buscando nós mesmos, jogando nosso inconsciente, nossas frustrações, nossos complexos, estudando-os, não os enganando. Só assim poderemos nos entender e fazer-nos aceitar como somos, antes de mais nada pretos, brasileiros, sem sermos confundidos com os americanos ou africanos, pois nossa História é outra como é outra nossa problemática (Nascimento apud Ratts, 2006, pg. 38).

Ratts (2006) salienta que ao propor que pesquisadores/as negros/as se debruçassem sobre a história da população negra adotando uma perspectiva própria, Beatriz não defendia a exclusividade da autoria negra dos estudos sobre negros, "o que ela polemiza são os referenciais e os propósitos da ciência que tem "o negro" como objeto de estudo" (p.39). É esse aspecto do pensamento de Beatriz que Ratts afirma se tratar de uma abordagem sobre o sujeito posicionado das Ciências Sociais.

A produção do conhecimento como um lugar de exercício do poder hegemônico vem sendo discutida com frequência nos estudos de gênero e feministas, mas também nos estudos subalternos, pós e decoloniais. Há uma abundante bibliografia a esse respeito como vemos em autores como Gayatri Spivaki, Edward Said, Boaventura de Souza Santos, Walter Mignolo, Luciana Ballestrin, Homi Bhabha, Aníbal Quijano, Maria Lugones, Ochy Curiel, Ramón Grosfoguel, entre tantas outras referências que contestam a perspectiva eurocêntrica de produção do conhecimento, alertam para a falácia da imparcialidade da ciência e de seu uso como reafirmação de uma pretensa superioridade branca e ocidental e propõem outras metodologias e perspectivas que partam do centro das culturas tidas como periféricas (Haraway, 1995; Pelúcio, 2012; Ballestrin, 2013).

Tal deslocamento promoveria o efeito desejado por Beatriz Nascimento, ou seja, a produção de conhecimento gerada a partir do olhar do sujeito pertencente ao grupo estudado, portanto qualificada pela experiência e conhecimentos de quem vivencia as margens da sociedade, observa os fenômenos de um lugar distinto dos pesquisadores brancos e dos vícios interpretativos de quem ocupa um lugar hegemônico de poder. Tal concepção se apresenta em epistemes como as teorias de perspectiva ou ponto de vista (standpoint theory), saberes localizados ou o que nas redes sociais frequentemente podemos encontrar sob a denominação "lugar de fala" (HARAWAY, 1995).

Ao afirmar a necessidade do negro se colocar à frente de pesquisas sobre a condição negra no Brasil, Beatriz crê na potencialidade da pluralização de narrativas e interpretações que poderiam fornecer uma visão mais ampla e diversificada sobre o ser negro. Esse protagonismo e disputa de narrativas é uma das principais estratégias de atuação dos feminismos negros nas redes sociais, como veremos adiante.

Feministas negras nas redes sociais e o exercício do sujeito posicionado como estratégia de enfrentamento ao epistemicídio

Como já mencionado este texto é um desdobramento de um aspecto apontado na tese de minha autoria, onde investiguei a natureza do feminismo negro contemporâneo que se expressa nas redes sociais da internet. Na pesquisa em questão, tive acesso a mulheres negras feministas de várias regiões do Brasil por meio de questionários online que resultaram em 99 formulários com respostas válidas e posteriormente em dois grupos focais. Parto dos dados obtidos na pesquisa para avançar num ponto em que não fui adiante na tese e que motiva esse artigo, ou seja, o posicionamento político assumido pelas feministas negras que parece dialogar diretamente com proposições de Beatriz Nascimento explicitadas anteriormente.

Ao apurar os dados da tese em questão constatei que 96% do total de mulheres entrevistadas acessou o ensino superior (cursando naquele momento graduação ou pós, graduação completa, pós-graduação lato sensu e stricto sensu completas) sendo 49,5% em instituições privadas e 50,5% em instituições públicas.

Embora não averiguado na pesquisa, possivelmente parte significativa do grupo foi beneficiada por uma série de ações populares e institucionais deflagradas desde os anos 1990 como os cursinhos pré-vestibulares para alunos de baixa renda e outras ações como as cotas raciais e sociais conforme indica a Síntese de Indicadores Sociais - SIS (2019).

Como apontam dados da SIS (2019) e outros como os do DIEESE (2012) há uma mudança sensível nos índices de escolarização da população negra que desde o início dos anos 2000 vem reduzindo sua participação nos números de analfabetos e vendo crescer sua presença no ensino superior por força das medidas já mencionadas (MACIEL, 2014; ALMEIDA, 2017), o que colabora para compreensão do perfil de escolarização das mulheres negras participantes da pesquisa.

Paralelamente à ampliação do acesso de estudantes negros ao ensino superior, ocorreu a expansão do uso da internet por meio de computadores pessoais e smartphones. Segundo o IBGE (2016), a maior utilização da internet se relaciona diretamente com os índices de escolarização. Entre a população com 15 anos ou mais de estudo, o que equivale ao ensino superior, o percentual de uso da internet é de aproximadamente 90%.

As entrevistadas relataram o fator de ineditismo familiar vivenciado por muitas destas mulheres como as primeiras a acessar a universidade. Ultrapassados os obstáculos de acesso, as mulheres negras enfrentaram currículos eurocêntricos, discriminação por parte de professores e colegas, falta de compreensão quanto às condições adversas de alunos pobres, dificuldades no acesso a bolsas e solidão por quase sempre serem as únicas negras em sala de aula.

No entanto, o ambiente acadêmico também foi o espaço onde muitas destas mulheres tiveram seu primeiro contato com o feminismo negro seja através de leituras e debates, de coletivos de estudantes, atividades culturais etc.

De forma geral, há consenso sobre o impacto positivo das teorias e vivências feministas negras na ampliação de repertório acerca das desigualdades raciais e de gênero, na compreensão sobre seu papel social, na reformulação da autopercepção de suas trajetórias pessoais (ampliação do autoconhecimento e criação de novas narrativas) e na valorização das expressões da cultura negra. A valorização foi mencionada também em referências a autoestima/autoconfiança e na relação com outras mulheres e homens negros.

Para tais mulheres o feminismo as teria tornado mais críticas e conscientes de problemas sociais que ignoravam, bem como do seu papel na sociedade. Tal influência também teria se feito sentir nas condutas de trabalho e estudos onde os recortes raciais ganharam maior dimensão e relevância. O feminismo negro ainda teria possibilitado que encontrassem respostas para questões que nutriam sem compreender que se tratava de fenômeno coletivo e não individual. Relataram a sensação de descoberta de que não estavam sozinhas, criaram, ampliaram e fortaleceram redes de ativismo e solidariedade, e por consequência experimentaram um sentimento maior de pertencimento racial e melhora em aspectos da saúde mental.

Na percepção das mulheres consultadas, o feminismo negro é um movimento político e intelectual de mulheres negras que se dedica ao enfrentamento das opressões de gênero, raça e classe e seu caráter interseccional por meio de análises, qualificação do discurso e articulação de ações que visam a superação das condições adversas vivenciadas por mulheres negras e pobres. Foi considerado um importante fator de conscientização política e de reivindicação de políticas públicas para a extinção das desigualdades sociais no país.

Como movimento intelectual foi apontado como desenvolvedor e disseminador de concepções teóricas, formulação de métricas de análise, metodologia de trabalho e novas epistemologias.

Ainda como parte desse processo relatam maior compreensão do racismo estrutural e dos obstáculos enfrentados como consequência do fenômeno, tal compreensão as teria levado a reconhecer a falácia da meritocracia. Admitiram que esse processo de tomada de consciência foi responsável por um reposicionamento de perspectivas de vida, pela ampliação da noção de direitos humanos, mudanças nos relacionamentos interpessoais em âmbito privado ou profissional/acadêmico, mudanças nos interesses culturais, melhor entendimento sobre seus direitos e participação em sociedade e consequentemente à intensificação da participação em ações de resistência e movimentos sociais.

O feminismo negro[1] possui uma amplitude de pautas que vai do combate à violência em suas múltiplas formas de manifestação à defesa

[1] São ainda pautas do feminismo negro, o combate às desigualdades sociais, ao racismo, machismo, classismo e à branquitude, bem como a luta por políticas públicas que garantam condições dignas de vida, que se dariam, por exemplo, pelo acesso ao mercado formal de trabalho, equidade salarial, de gênero, redução da sobreposição de jornadas de trabalho, acesso à saúde pública para mulheres cisgênero, transgênero e travestis, descriminalização do aborto, atenção à saúde reprodutiva e mental, combate à heterosexualidade, maternidade e solidão compulsórias, ampliação do acesso à educação em todos os níveis e aplicação eficaz de uma educação antirracista para toda população. A estética negra e o afeto surgiram como aspectos tratados pelo feminismo negro a partir de suas dimensões políticas. É fundamental destacar aqui a incorporação das demandas de mulheres negras transgênero e travestis.

do meio ambiente. Entre tantas e diversas pautas, destaco a atuação no campo do ensino superior por meio da construção de conhecimentos e saberes, combate ao epistemicídio, a busca por ampliação da epistemologia acadêmica e por reconhecimento da dignidade intelectual de pessoas negras, todos elementos que dialogam diretamente com a perspectiva de Beatriz Nascimento enfocada neste texto.

O acesso a espaços sociais como o ambiente acadêmico e os espaços de trabalho qualificado colocou as mulheres negras diante de novas formas de racismo como a desqualificação de competências intelectuais e exigências desproporcionais. Esse fator somado à solidão que frequentemente relatam sentir nesses espaços, onde quase sempre são as únicas pessoas negras, e ainda a simultânea convivência com amigos e familiares também negros que não atingiram o mesmo nível de escolaridade e renda, é gerador de angústia e consequente adoecimento emocional.

Tendo em vista o que é manifestado pelas entrevistadas, não é difícil imaginar a razão pela qual as redes sociais são interpretadas pelas mulheres negras que participaram desse estudo como aliadas na facilitação do contato com suas iguais, bem como no auxílio ao fortalecimento individual e coletivo das mulheres negras. A maior parte dessas mulheres (em virtude do espaço ambíguo que ocupam) experimenta a solidão no seu cotidiano e encontram nas redes sociais outras mulheres negras com experiências semelhantes e com as quais se identificam. O contato e compartilhamento de experiências comuns reposiciona a sensação de deslocamento ao possibilitar o surgimento de um senso de pertencimento a uma coletividade, e por consequência diminuição da sensação de solidão experimentada por essas mulheres.

A ampliação da população negra no ensino superior fortaleceu o interesse dessa camada populacional em se ver representada positivamente em narrativas e espaços onde ainda hoje são invisíveis, como a história oficial, a grande mídia, os lugares legitimados de produção do conhecimento. E a internet e suas ferramentas de produção de conteúdo ofereceram um meio acessível para que negros e negras atuassem na reivindicação do protagonismo de suas próprias histórias.

Steele (2016), ao analisar blogs escritos por mulheres negras, afirma que grupos excluídos do discurso público sempre buscaram meios alternativos para se envolver na sociedade democrática. Dessa forma, as novas mídias online se tornaram um importante espaço de atuação para tais grupos. Através de blogs e redes sociais, as mulheres negras não apenas narram suas experiências com o racismo e o machismo, mas também contestam o "cenário político, organizações e instituições sociais". Steele considera que "o ativismo por parte das blogueiras é revolucionário porque cria novos espaços de oposição que transformam a vida cotidiana e o discurso" (STEELE, 2016, p. 74).

Segundo Steele (2016) as mídias online fornecem um meio onde as mulheres negras podem contestar livremente o discurso dominante e, dessa forma, rejeitar "as rotulações negativas e as representações opressivas" (p. 79), oportunizando, por meio de narrativas em primeira pessoa e estratégias retóricas, que tanto autoras quanto leitores "criem e articulem significado para si mesmos, fora das restrições da grande mídia" (p. 80).

Recorrendo a autoras como Audre Lorde e Alice Walker, Steele (2016) defende que os escritos das blogueiras negras sejam considerados "parte do legado histórico das escritoras negras marginalizadas" e classifica a atuação das mulheres negras em ambiente online como "agente de inovação em novo contexto de mídia" por utilizarem a blogosfera e outras ferramentas online para discutir "sistemas e estruturas das quais são excluídas ou exploradas" (p. 90).

Ainda acerca das redes sociais, as entrevistadas identificaram essas plataformas como arenas públicas de debate das pautas pertinentes às mulheres negras e espaços formativos por meio dos quais se pode conscientizar jovens mulheres sobre as desigualdades sociais, raciais e de gênero.

O feminismo negro assumiu a missão de produzir conhecimento a partir de perspectiva própria, com interpretações que partem da realidade de pessoas negras, periféricas, LGBTQIA+. Produção e difusão do conhecimento se tornaram, portanto, estratégias centrais desse ativismo.

Em uma faceta educadora, as feministas negras agiram para transformar conceitos complexos em elementos passíveis de serem compreendidos pelo grande público. Textos de feministas africanas, norte-americanas, latinas e mesmo referências brasileiras, como Beatriz Nascimento, cujos acessos eram dificultados pela língua estrangeira, linguagem acadêmica hermética, falta de recursos materiais ou dificuldade de obtenção do material, se tornaram acessíveis por meio das ações de difusão empenhadas por mulheres negras que primeiramente chegaram a esse material, a maioria pela via acadêmica, e partilharam esse conhecimento distribuindo arquivos em pdf, livros digitalizados, traduzindo textos em língua estrangeira, indicando leituras, produzindo resenhas, textos ou vídeos destrinchando conceitos ininteligíveis para o grande público. Ações que confrontam a lógica da distribuição desigual do conhecimento apontada por Nilma Lino Gomes (2010) e mencionada anteriormente neste texto.

A produção hegemônica do conhecimento acadêmico e teóricos brancos consagrados foram confrontados. Um episódio exemplar desse argumento foi o caso Lilia Schwarcz. A historiadora reconhecida como uma importante pesquisadora de relações raciais no Brasil escreveu um artigo na Folha de São Paulo[2] (agosto de 2020) onde criticou a performance de Beyoncé no vídeo "Black is King". O vídeo foi lançado em meio à onda de protestos pela morte de George Floyd e foi encarado por Schwarcz como glamourização da negritude e promoção de uma África idílica.

O artigo provocou uma grande reação da comunidade negra na internet. Os argumentos da historiadora foram contestados e seu privilégio como acadêmica branca de classe alta foi apontado. Instalada a polêmica houve quem defendesse a historiadora alegando linchamento virtual e cancelamento, e houve quem defendesse o posicionamento da população negra que se insurgiu nas redes atentando para o fato de que não há mais a possibilidade de evitar a perspectiva negra, de contar com o silenciamento negro diante de narrativas pejorativas, ainda que essas narrativas venham revestidas de títulos e notoriedade. A internet e suas ferramentas abriram caminho para pessoas negras e demais grupos subalternizados contestarem e rejeitarem os discursos dominantes detratores de suas figuras.

A ampliação do acesso ao ensino superior e a adoção por parte das feministas negras da estratégia de produção e difusão de conhecimentos, visando o enfrentamento ao epistemicídio, têm resultado cada vez mais na realização da proposição de Beatriz Nascimento e naquilo que foi observado por Nilma Lino Gomes, o indivíduo negro, e destacadamente as feministas negras vêm assumindo a produção de conhecimento acadêmico sobre a população negra não apenas a partir da perspectiva de sujeito posicionado, mas também se valendo de referências e metodologias próprias visando obter resultados que ofereçam respostas alternativas às narrativas hegemônicas que frequentemente são desfavoráveis a grupos marginalizados.

[2] Ver em: https://www1.folha.uol.com.br/ilustrada/2020/08/filme-de-beyonce-erra-ao-glamorizar-negritude-com-estampa-de-oncinha.shtml. Acesso 18/10/2021.

Considerações Finais

Busquei nesse artigo, demonstrar o diálogo existente entre a proposição de Beatriz Nascimento de que o indivíduo negro se apropriasse das pesquisas sobre questões raciais, história e cultura negras e assim oferecesse um olhar alternativo e plural ao discurso hegemônico sobre o negro. A autora acreditava que pesquisas desenvolvidas por pessoas negras sobre a condição do negro no Brasil possibilitariam que conceitos impregnados de racismo, mas usuais no campo das discussões raciais fossem questionados dando lugar a conceitos desenvolvidos a partir de uma perspectiva condizente com a experiência do sujeito racializado.

Beatriz Nascimento viveu e produziu num momento em que o acesso ao ensino superior era dificultado para pessoas negras e pobres, poucos adentravam esse espaço e os que conseguiam lidavam com muitos obstáculos impostos por um ambiente acadêmico excessivamente branco e eurocêntrico. A mobilização dos movimentos sociais e políticas públicas resultaram na ampliação do acesso de pessoas negras e pobres às universidades. A internet e as redes sociais forneceram um espaço de encontro, partilha e debate que favoreceram a troca de saberes, a disputa de narrativas sobre o povo negro e a contestação de discursos dominantes e opressivos.

Dessa forma, acredito que o trânsito entre ambiente acadêmico e redes sociais têm possibilitado às feministas negras executar o desejo de Beatriz Nascimento ao assumirem a tarefa de questionar o conhecimento hegemônico, bem como seus sistemas de reconhecimento e distribuição, oferecendo em contrapartida um conhecimento posicionado produzido a partir de uma perspectiva negra, de modo a pluralizar as narrativas e interpretações sobre a condição social do negro brasileiro.

Referências Bibliográficas:

ALMEIDA, Wilson Mesquita de. **PROUNI e o acesso de estudantes negros ao ensino superior**. Revista Contemporânea de Educação, v.12, nº23, 2017.

BALLESTRIN, Luciana. **América Latina e o giro decolonial**. Revista Brasileira de Ciência Política, nº11. Brasília, maio - agosto de 2013, pp. 89-117. Disponível em: https://www.scielo.br/j/rbcpol/a/DxkN3kQ3XdYYPbwwXH55jhv/?format=pdf&lang=pt. Acesso em 12 set

2021.
DIEESE. **A Situação do trabalho no Brasil na primeira década dos anos 2000**. Departamento Intersindical de Estatística e Estudos Socioeconômicos. São Paulo: DIEESE, 2012.

GOMES, Nilma Lino. **Intelectuais negros e produção do conhecimento: algumas reflexões sobre a realidade brasileira**. In: SANTOS, Boaventura; MENESES, Maria Paula. Epistemologias do Sul. Coimbra: Alamedina, 2010.
HARAWAY, Donna. Saberes localizados: a questão da ciência para o feminismo e o privilégio da perspectiva parcial. Disponível em: https://periodicos.sbu.unicamp.br/ojs/index.php/cadpagu/article/view/1773/1828. Acesso em 27 set. 2021.

IBGE – INSTITUTO BRASILEIRO DE GEOGRAFIA E ESTATÍSTICA. **Síntese de indicadores Sociais: uma análise das condições de vida da população (2019)**. Disponível: https://biblioteca.ibge.gov.br/visualizacao/livros/liv101678.pdf. Acesso em 12 maio 2020.

IBGE – INSTITUTO BRASILEIRO DE GEOGRAFIA E ESTATÍSTICA. **Síntese de indicadores Sociais: uma análise das condições de vida da população brasileira (2016)**. Disponível em: https://biblioteca.ibge.gov.br/visualizacao/livros/liv98965.pdf. Acesso em 05 jul.2018.

LIMA, Dulcilei da Conceição. **#Conectadas: O feminismo negro nas redes sociais**. Doutorado em Ciências Humanas e Sociais. São Bernardo, UFABC, 2020.

MACIEL, Regimeire. **Acesso e produção acadêmica de estudantes cotistas negros na Universidade Federal do Maranhão**. Doutorado em Ciências Sociais. São Paulo, Pontifícia Universidade Católica, 2014.

PELÚCIO, Larissa. **Subalterno quem, cara pálida? Apontamentos às margens sobre pós-colonialismos, feminismos e estudos queer**. Contemporânea - Revista de Sociologia da UFSCar, v. 2 n. 2. São Carlos, Julho - Dezembro de 2012, pp.395-418. Disponível em: https://www.contemporanea.ufscar.br/index.php/contemporanea/article/view/89/54. Acesso em 15 set. 2021.

RATTS, Alex. **Eu sou atlântica: sobre a trajetória de vida de Beatriz Nascimento**. São Paulo: Instituto Kuanza/Imprensa Oficial, 2006.

STEELE, Catherine K. **Signifying, Bitching and Blogging: Black Women and Resistance Discourse Online**. In NOBLE, Safiya Umoja; TYNES, Brendesha M. The intersectional internet: Race, class, and culture online. New York: Peter Lang Publishing, 2016.

Capítulo 03

Nelza Jaqueline Siqueira Franco

Mãe do Érick, filha da Idalina e do João, pedrito-viamonense, professora de Educação Básica da Rede Municipal de Porto Alegre/RS com atuação nos Anos Iniciais do Ensino Fundamental, Informática Educativa e ministrante das disciplinas de Direitos Humanos e Educação para as Relações Étnico-Raciais no curso de Magistério de nível médio (Educação Profissional). Mestra em Educação/UFRGS. Especialista em Mídias na Educação e em Educação Profissional Integrada à Educação Básica na Modalidade de Educação de Jovens e Adultos - PROEJA - UFRGS, Licenciada em Computação pela UNIFEEVALE.

Ciberquilombismo - o quilombismo de Abdias Nascimento e sua atualização na cibercultura

Nelza Jaqueline Siqueira Franco

Na contemporaneidade, é possível verificar a amplificação de diversos elementos na cibercultura, produzidos por nós (pessoas negras), trazendo a questão afro-brasileira e africana para evidência, resgatando e positivando nossa cultura, história e saberes. Assim como, denunciando as desigualdades, os crimes contra a nossa população e formando redes para o enfrentamento de nossas problemáticas, advindas do racismo estrutural das sociedades ocidentais e, em específico, da nossa sociedade brasileira. O papel de resistência que através das mídias digitais é possível exercer vai ao encontro do que Abdias Nascimento (2002) pontua em sua obra O Quilombismo.

Às diferentes manifestações espalhadas pelo ciberespaço que tem essa potência de tratamento da questão negra nomeio, nesta escrita, como Ciberquilombismo que concebo como espaços de organização negra, no ambiente digital em rede de afirmação, de (re)existência, resistência, denúncia, articulações para pautar as demandas do povo negro. Ademais, o formato que as diversas maneiras de comunicação digital propiciam à/o receptor/a não somente consumir, mas poder contestar ou complementar uma informação ou até mesmo elaborar a sua e disseminar este conteúdo que contempla o seu saber local, a escrita de si e da sua comunidade, faz com que as mídias sociais se constituam num elemento decolonial e que educa.

Neste capítulo apresento algumas manifestações que ocorrem nas mídias sociais de perfis digitais que tratam da questão racial negra com os princípios do quilombismo de Abdias Nascimento, com o objetivo de analisar brevemente a ocorrência de discursos de afirmação, de (re) existência, resistência, denúncia e articulações para pautar as demandas do povo negro.

O Quilombismo

Abdias Nascimento, nascido em 1914, na cidade de Franca/SP e falecido no ano de 2011, foi grande intelectual negro, militante, ativista, artista, deputado estadual e senador da república, fundador, entre outras coisas, do Teatro Experimental do Negro, em 1944, organização esta que revolucionou e demarcou um papel de sujeito para o negro na dramaturgia brasileira. Em 1980 publicou a obra O Quilombismo no qual concebe o termo que vai então nomear este seu livro e que tem como definição ser um "complexo de significações" das ações do povo afro-brasileiro, nas palavras do próprio autor, "única unidade, uma única afirmação humana, étnica e cultural, a um tempo integrando uma prática de libertação e assumindo o comando da própria história" (NASCIMENTO, A., 2002, p.338).

Neste livro, Abdias enumera os tratamentos discriminatórios que são dados à população negra no país, resgatando lembranças da sua infância (duas décadas após a abolição) até quase os dias atuais. O autor evidencia todo o processo de branqueamento que os dirigentes do país conceberam (incentivo à imigração de europeus, mestiçagem, etc), assim como o desamparo total quanto à saúde, educação, moradia e trabalho, a falta de condições de sobrevivência para os afro-brasileiros. Denuncia o tratamento dado pelo Brasil aos países do continente africano com relações nada diplomáticas, a exemplo das nações que estavam ainda em processo de libertação do domínio colonial onde o Brasil não reconhecia os processos de independência desses países ou se omitia a cada reunião da ONU. Demonstrou o quadro de penúria que os descendentes de africanos vivenciaram e, em muitos casos, continuam vivenciando, não sem sempre exaltar a importância desse povo para a economia do país, pois simplesmente por todos os ciclos econômicos que o país teve, estava lá presente a mão de obra negra.

O texto denominado Quilombismo, que no livro é apresentado como Documento 7, foi apresentado originalmente no 2.º Congresso de Cultura Negra das Américas, ocorrido no Panamá no ano de 1980. Inicia pontuando a memória africana, a necessidade de recuperá-la, em função da sua negação, das tentativas do seu apagamento e da sua depreciação. O autor escreveu, na ocasião, que a memória negro-africana "tem sido agredida sistematicamente pela estrutura de poder e dominação há quase 500 anos" e que esta tem sido "vítima, quando não de graves distorções, da mais crassa negação do seu passado histórico" (NASCIMENTO, A., 2002, p.327). Abdias Nascimento argumenta que:

> [...] Em nosso país, a elite dominante sempre desenvolveu esforços para evitar ou impedir que o negro brasileiro, após a chamada abolição, pudesse assumir suas raízes étnicas, históricas e culturais, desta forma seccionando-o do seu tronco familial africano. [...] e as classes dominantes enfatizam sua intenção e ação no sentido de arrancar da mente e do coração dos descendentes escra-

> vos a imagem da África com uma lembrança positiva de nação, de pátria, de terra nativa (NASCIMENTO, A., 2002, p.327-328).

O quilombismo traz essa proposta de resgate da memória negra, dessa conexão com as nossas histórias, por ter o propósito, inspirado no pan-africanismo, da centralidade do negro, da afrocentricidade, a oposição do que nos foi imposto nestas terras, desde o sequestro dos ancestrais, e com pouca alteração até os dias de hoje.

A historiadora Beatriz Nascimento (2018; 2021) em seus estudos dedicados aos quilombos, rompe com o que é afirmado à época pela historiografia dominante, onde se definia que o quilombo era simples espaço de escravos fugidos. A autora evidencia o caráter desse evento como espaço de organização e como este se constitui como "impulsionador ideológico na tentativa de afirmação racial e cultural do grupo negro" (NASCIMENTO, B., 2021, p.109). Beatriz conceitua o quilombo como o local onde o negro se unifica, tem a agência, empreende. Ela retoma o significado africano de quilombo: união. A convergência que foi desenvolvida pelos negros em solo brasileiro depois que o colonialismo lhes impôs a desagregação. A autora afirma que toda a vez que tiver a reunião dos negros com um propósito, ocorrerá a repetição do que em essência acontecia nos quilombos.

> [...] qualquer agrupamento que a gente faça, qualquer relação que a gente tenha entre si, cada vez a gente está repetindo a forma de resistência cultural e racial e a possibilidade de criarmos, realmente, uma sociedade paralela, mas atuante dentro dessa sociedade global que tanto nos oprimiu. Então, nesse momento, todo o trabalho que toda a... vamos dizer assim a utilização do termo quilombo passa a ter uma conotação basicamente ideológica, basicamente doutrinária, no sentido de agregação, no sentido de comunidade, sentido de luta como se reconhecendo homens, como se reconhecendo pessoas que realmente devem lutar por melhores condições de vida, porque merecem essas melhores condições de vida na medida em que fazem parte dessa sociedade. (NASCIMENTO, B., 2018, p.131-132).

Com base no modelo associativo e comunitário dos quilombos e tendo a perspectiva afro-brasileira como centro, Abdias Nascimento propõe o Quilombismo como forma de resistência e reinvenção da experiência negra em solo brasileiro. Em sua perspectiva, Quilombismo é um "movimento político dos negros brasileiros, objetivando a implantação de um Estado Nacional Quilombista, inspirado no modelo da República dos Palmares, no século XVI, e em outros quilombos que existiram e existem no país" (NASCIMENTO, A., 2002, p.369).

Abdias define o quilombismo como um instrumento de luta antirracista, mas para além disso, também uma proposta de organização político-social do país, construída com base em nossa própria experiência histórica que pode oferecer aos afrodescendentes de todas as Américas um instrumento de conscientização e organização. Elenco aqui alguns dos princípios citados pelo autor: o igualitarismo; o antirracismo, o anticapitalismo, o anti-latifundiarismo, o anti-imperialismo e o anti-neocolonialismo; a economia comunitário-cooperativista, a terra como propriedade de uso coletivo; preocupação prioritária com a criança negra; currículo escolar em todos os níveis de ensino que contemple a história e cultura da África; as artes como elemento importante na composição dos sistemas educativos; tratamento igual a todas religiões e respeito a seus cultos; a destinação (por imperativo constitucional) de metade dos cargos às mulheres, tanto do alto escalão quanto das instituições públicas; respeito e comprometimento com a preservação ambiental, com formas de melhoramento para assegurar uma vida saudável a "todas as manifestações da natureza" (NASCIMENTO, A., 2002, p.307).

O Cyber (Digital em Rede)

A cibercultura, conforme Souza (2015) foi definida por Pierre Lévy "como o conjunto de técnicas materiais e intelectuais, de práticas, atitudes, modos de pensamento e valores que se desenvolvem juntamente com o crescimento do ciberespaço" (SOUZA, 2015, online), ou seja, a cultura que foi incorporada aos nossos modos de agir, a partir dessa movimentação no espaço digital. Imersos que estamos, cada vez mais, não a totalidade, mas a um bom contingente de indivíduos das sociedades de diversos territórios nesta terceira década do século XXI, firmo o olhar e ponho em evidência o movimento preto que está ocorrendo há um certo tempo dentro dos espaços digitais.

Através das mídias sociais digitais há a possibilidade de disseminação de conteúdos e de interlocuções, uma vez que a direcionalidade do que é comunicado diverge do que se tinha antes do advento das novas tecnologias de informação e comunicação. Diferentemente da grande mídia (mídia de massa), onde um transmite e muitos recebem, as novas mídias, caracterizadas pela horizontalidade, possibilitam a comunicação de muitos para muitos, de forma que as "verdades" podem ser contestadas através de um comentário em resposta ao que foi originalmente postado e toda essa interlocução publicizada na plataforma onde a comunicação está acontecendo.

As mídias sociais digitais trazem a possibilidade de, em função do seu alcance majorado a partir das comunicações possibilitadas pela internet, articular e promover escritas outras, articulações, junções, aquilombamentos, reconhecimentos, encontrar ou criar locais que têm como finalidade o compartilhamento dos saberes, cultura, experiências, além de configurarem-se em espaço onde se articulam estratégias para enfrentamento aos diferentes modos de racismo cotidiano. Como mídias sociais digitais podemos elencar as plataformas que possibilitam a publicação de informações textuais, imagéticas, de vídeo, animações presentes na internet tais como Instagram, Twitter, Facebook, TikTok, YouTube, Blogger, entre muitas outras. O que Ana Alakija (2012) vai definir em seus escritos como "afromídias ou mídias afros": canais de expressão e visibilidade de e para um público segmentado (o público afro) que tem confrontado com a mídia convencional e dominante (ALAKIJA, 2012, p.140). Exemplos de ciberativismo.

João Caribé (2010) conceitua o ciberativismo como "o uso da comunicação em rede em prol de uma causa, seja política, social ou ecológica. É exercer a comunicação em rede para exercer o seu ativismo" (CARIBÉ, 2010, online). Neste viés, o Ciberquilombismo traz táticas de ciberativismo para o enfrentamento aos racismos que a sociedade nos apresenta, pois como já definido acima ele se constitui nos espaços de organização negra, no ambiente digital em rede de afirmação, de (re) existência, resistência, denúncia, articulações das demandas do povo negro.

Sendo assim, apresento nesta escrita o Ciberquilombismo como sinônimo do movimento digital de aquilombamento que acontece atualmente pulverizado nos diferentes espaços da internet, como potência da junção das pessoas pretas para tratar dos assuntos pertinentes ao ser e estar no mundo, resgatar e difundir a memória, as estratégias de resistência, os saberes, a organização e pautar demandas específicas que necessitam ser tratadas por uma sociedade que não convive com o povo afro-brasileiro com a decência que deveria.

Ciberquilombismo

Desde a invasão europeia que massacrou indígenas e escravizou africanos sequestrados daquele continente, o racismo vem estruturando os modos de acúmulo de bens e riquezas no Brasil (GONZALEZ; HASENBALG, 1982; NASCIMENTO, 2002; ALMEIDA, 2019). Ainda em 2022 as populações negra e indígena não estão representadas de forma proporcional nos diferentes espaços de poder, sociais e econômicos e na sociedade brasileira. À população negra e indígena é obstaculizada a mobilidade social.

O Ciberquilombismo se faz importante para que o combate ao racismo também se dê nos espaços digitais, buscando uma sociedade mais igualitária, onde a democracia racial não seja apenas um mito. Identifico, nos ciberquilombos locais de preservação da memória negra, assim como a pesquisadora Jéssica Mara Raul (2019) descreve na atuação das ciberativistas negras, como o ciberespaço se presta ao papel de "ferramenta antirracista e canal de produção e reprodução de memórias negras, que se configuram em práticas educativas racializadas nas redes sociais" (RAUL, 2019, p.171).

Outras diferentes formas de atuação nos espaços digitais, em diferentes plataformas, podem ser encontradas disseminadas pelas redes. Cito exemplos que vão desde o questionamento ao que está sendo veiculado na mídia de massa, caso de "Nos Tempos do Imperador" (novela exibida pela rede Globo no Brasil, no período de 9 de agosto de 2021 a 4 de fevereiro de 2022), passando por redes de compartilhamento de histórias, reconhecimento, parcerias de estudos, aprendizado da tecnologia, trocas de saberes do sagrado das religiões, redes de acolhimento, estética negra, petições online, arrecadação de quantia para o desenvolvimento de algum projeto, chegando até articulações para protesto quanto à violência, como no caso das manifestações contra a rede de hipermercados Carrefour quando do assassinato de um homem negro em Porto Alegre, em novembro de 2020.

Aplicabilidades do Ciberquilombismo: Questionamento da Mídia de Massa

O influencer digital AD Júnior publicou em seu perfil no Instagram, em 24 de agosto de 2021, imagens da cena de um diálogo ocorrido na novela da rede Globo de televisão, "Nos Tempos do Imperador" (2021) na qual os autores da novela exibem uma história romantizada pelos brancos, distorcida da realidade e que nunca se passaria em nossa sociedade porque o negro numa relação de poder, não é o dominante nem hoje muito menos àquela época. Na trama há um casal interracial (mulher branca e homem negro); em determinada cena a mulher branca foi impedida de morar num local (que realmente existiu) onde, na novela, só moravam negros. O diálogo que se passa é do personagem Samuel (homem negro) discordando desse impedimento, segue a transcrição da fala de Samuel em diálogo com a personagem branca, alvo de seu amor: [Só porque você é branca não pode morar na Pequena África? Como queremos ter os mesmos direitos de igualdade se fazemos com os brancos as mesmas coisas que eles fazem com a gente?]

No texto publicado juntamente com as imagens no perfil @adjunior_real, o influencer AD Junior expressa uma informação válida baseada no que se tem de evidência histórica do que aconteceu com a população africana e afrodescendente neste país, história por muitas vezes ocultada nos currículos escolares e negada ou distorcida na grande mídia, especificamente em produções da dramaturgia que adentram aos lares das famílias brasileiras. Ele denuncia que cenas como a que foi veiculada "viram verdades para pessoas desinformadas sobre o período da escravidão." Segue discorrendo sobre o absurdo da cena: a impossibilidade que pessoas negras teriam para segregar brancos porque não eram considerados nem gente. A postagem de AD Júnior teve em três dias de publicação 20.392 curtidas e 1.738 comentários.

> Mas gente quem pensou essa cena?
>
> .
>
> São cenas como essa que viram verdades para pessoas desinformadas sobre o período da escravidão.
>
> .
>
> Pessoas negras nem eram consideradas seres humanos e nem poderiam de fato segregar pessoas. Sem poder. Os brancos poderiam morar até lá no centro da pequena África se quisessem. Eles são e eram DONOS de Tudooo... Pessoas negras viviam em regime de exceção. Um homem preto sentado num banco de uma praça com uma mulher branca, seria um ET que está visitando a sua namorada em marte... primeiro pq pessoas negras não podiam „vadiar" ou seja, andar sem destino e sentar no banco da praça!
>
> .
>
> No Brasil ainda em algumas cidades históricas é possível visitar as ruas de trás e até no Rio de Janeiro pessoas negras não podiam andar em algumas ruas, haviam as ruelas por trás, as vielas, onde essas pessoas poderiam andar... na reforma de Pereira Passos por exemplo em algumas ruas havia até código de vestimenta. Ok? Imagina sentar na praça de mãos dadas
>
> .
>
> O conceito de direitos igualitários nem se discutia do ponto da

humanidade. Entenda: Negros não eram seres humanos.

.

A fala de um homem negro no período da escravidão dessa forma seria tão bizarra que chega a assustar quem assiste uma cena dessas. Quem foi o ser que escreveu esse texto?!

.

Aplicar o conceito de racismo reverso numa fala é muito perigoso e essa cena vai morar na cabeça de milhares de pessoas. Um desserviço total

.

Lembrando também que relações interraciais de forma explícita naquela época eram raros, uma vez que o conceito de relações entre negros e qualquer outros grupo etnico eram mal visto pela sociedade - durante o período escravagista. O conceito ou a „quase“ permissão para esse tipo de relação só vai acontecer na primeira metade do século 20

.

No Brasil casamentos interraciais são minoria segundo dados do IBGE e nos Estados Unidos, somente em 1968 casamentos entre negros e brancos passaram a ser permitidos.

.

(SANTOS JÚNIOR, 2021, online).

Figura 1: Postagem do perfil de AD Junior em 24 de agosto. Fonte: Instagram.

Figura 2: Postagem do perfil de AD Junior em 24 de agosto. Fonte: Instagram

A contribuição de AD Júnior está em trazer à tona trechos da cena da novela de época que evidencia elementos que não condizem com a história e provoca uma discussão paralela à trama, informa o descabido da história contada mais uma vez da perspectiva branca e tem um efeito de contradizer e ainda provocar desculpas públicas de uma das autoras que anuncia, em outro espaço de mídia, a coluna online da Folha de São Paulo, que a novela terá cortada cenas para evitar equívocos como esse.

A repercussão do que foi publicado pelo público negro e algumas pessoas brancas foi de concordância com o a postagem feita por AD Júnior e expressando críticas aos autores da novela, estarrecimento, cansaço de ter que lidar com fatos como esses, presentes ainda na mídia. No quadro a seguir, selecionei aleatoriamente quatorze dos 1.038 comentários dos visualizadores da postagem bem como o número de curtidas (reações dos leitores de comentários no Instagram) fizeram a eles:

Comentários	Número de Curtidas	Número de respostas
Genteeee...realmente fica difícil!	788	12
bastante vergonha	471	1
Sério, mano???	85	1
Não tem boa vontade alguma, é manutenção de privilégios.	1	0
A Rede Globo brinca de racismo reverso e ninguém processa? COMO FAZ????	0	0
ah mano... não acertam uma...? mariaritaoficial (cantora, branca)	395	3
"Não temos roteiristas e diretores pretos.", Globo, Rede, Agosto de 2021, Bra-zeel.... sabrinafidalgoo (diretora de cinema, negra)	414	10
Sentado tranquilamente, ainda de perna cruzada só pode ser uma piada mesmo!mrpingobrasil (músico e produtor, negro)	120	0
Inacreditável. Nos tempos do impera-DOR dadacoelho (atriz)	109	0
Puxadíssimo... no mínimo! eliferreiraoficial (atriz, negra)	54	0
Bola fora total! Uma cena que marca e deseduca. Lamentável lapena (ator, negro)	150	0

Uma cena bizarra que nem de longe traduz o que viviam pessoas negras naquela época. É como você disse “não eram humanos”, eram propriedade tal qual qualquer objetivo ou animal. Sinceramente desserviço total! onaruda2	73	0
Tem coisa que já cansou... corapersonalorganizer	17	0
Que desserviço essa cena, que vergonha! oadalbertoneto	48	1

Quadro 1: Comentários da postagem de AD Junior de 24 de agosto no Instagram. Fonte: a autora.

As mídias digitais, que, reapropriadas como espaço de protesto, têm a potencialidade de contestar as ditas “verdades” que são veiculadas na mídia de massa[1] e, com uma certa instantaneidade, alterar o curso das coisas, como visto neste exemplo. Os autores da novela, brancos, são Thereza Falcão e Alessandro Marson. Num comentário em resposta à postagem de AD Júnior, a autora se desculpa e justifica que a novela foi gravada em 2018. Essa resposta causa ainda mais indignação aos demais comentaristas que já tinham manifestado-se criticamente à cena.

< zapping - cristina padiglione

Acusada de racismo, 'Nos Tempos do Imperador' pode sofrer cortes na edição

Autora se desculpou por cena que sugeriu racismo reverso

Figura 3: Manchete da coluna de Cristina Padiglione da Folha de São Paulo no dia 24 de agosto – Fonte: site da Folha de São Paulo

[1] Mídia de massa pode ser caracterizada como aquela onde a circulação do conteúdo ocorre de UM emissor para MUITOS emissores.

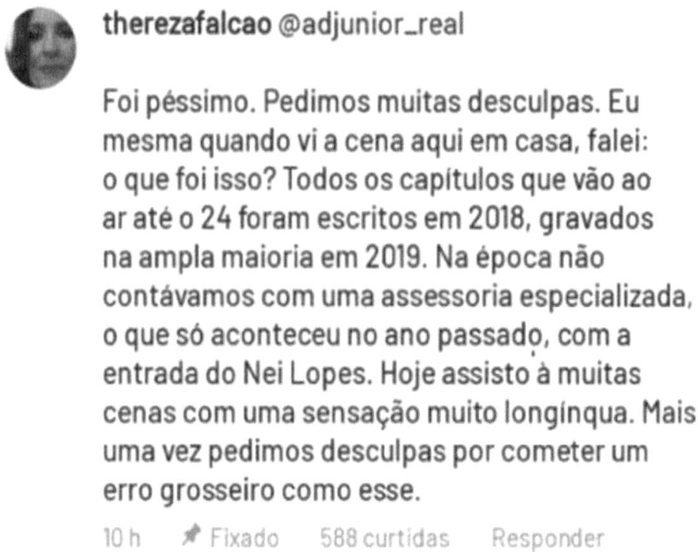

Figura 4: Comentário da autora da novela Theresa Falcão em resposta à postagem de AD Júnior

Evento semelhante no que diz respeito a espalhar uma história do negro que não verídica, estereotipada pelo olhar branco, que faz o que bem entende em relação ao que considera inferior. Conforme ocorreu em 1976 quando Cacá Diegues, no filme Xica da Silva, retrata a mulher negra com a estereotipia da docilidade, passividade, incapacidade intelectual e dependente do branco para pensar, críticas estas feitas pela historiadora Beatriz Nascimento. Naquele momento o autor não retificou a peça cinematográfica, porém em uma outra produção sua, passados alguns anos, solicitou a consultoria de Beatriz na produção do filme Quilombo (RATTS, 2006).

Levando em conta o que nos informa Maria Aparecida Moura (2019), a saber, que o "o século XXI tem sido marcado pelo incisivo desvelamento do privilégio branco e da estrutura semiótica a ele associada para a manutenção do poder e da opressão" (MOURA, 2019, p.53), compreendo que o Ciberquilombismo nos junta, informa, reverbera a nossa escrita e potencializa a nossa memória não nos deixando mais à deriva com a narrativa de nos objetificar e contar a história da maneira branca. E o perfil do influenciador AD Júnior serviu como um espaço ciberquilombista na medida que ao fazer essa denúncia promoveu a interlocução, a reflexão e a manifestação desse coletivo negro e de outras etnias sobre essa distorção do passado histórico contado mais uma vez pela ótica branca dominante.

Aplicabilidades do Ciberquilombismo: Reflexão sobre ataques à população negra

Trago para esta escrita outro exemplo de aplicabilidade do Ciberquilombismo de uma postagem do perfil no Facebook do Geledés - Instituto da Mulher Negra. O Geledés é uma organização política de mulheres negras, foi fundada em 30 de abril de 1988, "tem por missão institucional a luta contra o racismo e o sexismo, a valorização e promoção das mulheres negras" (GELEDÉS, s.d., online), e possui presença nos diferentes espaços da internet, além do Facebook, possui perfis no Instagram e Twitter que apontam para o conteúdo de sua página, o Portal Geledés. No portal os assuntos são organizados por categorias, e é possível que qualquer pessoa envie seu artigo para o mesmo tendo relação com a temática abordada e esse texto passa pela aprovação da equipe que gerencia o conteúdo. O perfil da instituição no Facebook, em janeiro de 2022, contava com mais de 630 mil curtidas.

Em agosto de 2021 foi publicado pelo perfil Geledés no Facebook o link para o texto "A humilhação como tecnologia de controle da população negra"[2], enviado pela doutora em sociologia Fabiane Albuquerque. Nele a autora discorre sobre como os processos de humilhação fazem com que corpos negros acabem perdendo a capacidade de reação por vivenciarem isso cotidianamente.

> Ao longo da vida, negros e negras passam por um processo de humilhação tão grande e constante que isso os desvitaliza de tal forma que muitos, assim como os imigrantes, tornam-se, não somente dóceis e conformados, mas perdem a capacidade de reagir devido ao cansaço físico e emocional que provoca feridas profundas na psiquê, quando não, doenças derivadas desse tipo de tratamento: hipertensão, problemas de pele, depressão, ansiedade, síndrome do pânico, problemas cardíacos ou distúrbios alimentares. A humilhação equivale ao rebaixamento, à diminuição da pessoa e do seu valor no mundo e quando ela é um projeto de sociedade, tem a função de reduzir a pessoa ou grupo humilhado até fazê-la desaparecer, material ou simbolicamente. Isso se dá através das instituições sociais e de seus agentes. Corpos negros experimentam, desde o nascimento, uma carga de violência inimaginável que, com o passar dos anos, essa violência deixa de ser vista como algo anômalo para ser vista como natural,

[2] Disponível em: https://www.geledes.org.br/a-humilhacao-como-tecnologia-de-controle-da-populacao-negra

> como parte da vida de uma pessoa negra. [...] Corpos humilhados, quando se rebelam contra o sistema, são humilhados em dose dupla, para que se calem e aprendam a estar no "seu lugar". (ALBUQUERQUE, 2021, online)

A publicação recebeu 1,3 mil reações (entre curtidas e comentários). Dentre os comentários, cinco discordaram do que a autora trazia no texto, um comentário foi apenas marcando uma pessoa naquele texto e um desqualificando a autora do texto. Não é possível saber se todos os comentaristas leram o texto no portal ou se basearam suas escritas apenas no título e na figura que ilustra a postagem.

Figura 5: Captura de tela da postagem do perfil Geledés, 11/08/2021. Fonte: Facebook

O acesso a textos que permitem a reflexão sobre a posição da população negra na sociedade, as barreiras que persistem e a possibilidade de debater sobre essas e outras questões que são pertinentes ao nosso modo de estar no mundo nos trazem potencialidade para que se pense em formas de organização nossa e melhora, seja pautando coletivamente, seja no modo somente de denúncia, de encaminhamento das nossas demandas a entidades com poder decisório.

Destaco ainda como relevante neste contexto digital a presença de youtubers, principalmente as mulheres, sejam as que publicam vídeos tutoriais relacionados à questão da autoestima estética negra e, nesse caso, há grande ocorrência de canais dedicados ao cabelo, quanto as que vão falar de outros conteúdos relacionados ao público negro, seja o compartilhamento de histórias de vida, ou assuntos que focalizam nossas experiências, a história não ensinada na escola.

> A visibilidade proporcionada pelas redes sociais torna-se importante na medida em que proporciona a contestação, ainda que virtual, e viabiliza muitas formas de fazer denúncia de temas ignorados ou tratados como problemas particulares de um grupo expressando, ao mesmo tempo, a constituição de um problema da sociedade brasileira. Os youtubers negros, nesse contexto, tornam-se agentes de muitas denúncias ao terem não só espaço de diálogo por meio dos vídeos, mas de possuírem a oportunidade de compartilhar e problematizar o conteúdo reproduzido pelos mesmos. (CUTRIM, 2018, p.14)

Considerações Finais

Neste capítulo procurei evidenciar a relação da cibercultura e os princípios do quilombismo de Abdias Nascimento. Para isso trouxe elementos do quilombismo, dos quilombos e tento traçar um paralelo com essa movimentação que acontece nos espaços digitais que são agrupamentos de negros para reivindicar a evidência de suas memórias, saberes, experiências, agência, acolhimento e formas de resistência, além das articulações para o enfrentamento do racismo que se faz latente ainda nos dias de hoje em nossa sociedade.

Através da internet com sua capilaridade e abrangência, é possível ter informação e criar informação para espalhar pelo mundo e conseguir enfrentar esse mundo tão hostil que traz vivo o passado colonial e escravocrata. Os exemplos trazidos envolvem o perfil de uma figura pública que trouxe uma discussão que contesta a narrativa da supremacia branca e como ela sempre contou a história, então através dos comentários do público aquela postagem teve a dimensão quilombista performada no espaço digital. O segundo exemplo analisado é de um perfil de uma instituição que recebe textos de diferentes pessoas e que tem esse propósito de dar visibilidade a discussões que provoquem reflexões e manifestações.

O Ciberquilombismo tem essa potência de juntar (aqueles que têm acesso) no espaço digital para gerar discussão, aprendizagem, articulação, projetos coletivos, contestação, comunicação, resgate da memória afro-brasileira e africana (aquela que nos foi ocultada).

Referências Bibliográficas:

ALAKIJA, Ana. **Mídia e identidade negra**. In: BORGES, Roberto Carlos da Silva; BORGES, Rosane (org.). Mídia e Racismo. Brasília: Petrópolis, 2012. Cap. 4. p. 108-151. (Negras e Negros: pesquisas e debates).

ALBUQUERQUE, Fabiane. **A humilhação como tecnologia de controle da população negra**. 2021. Disponível em: https://www.geledes.org.br/a-humilhacao-como--tecnologia-de-controle-da-populacao-ne gra/. Acesso em: 06 set. 2021.

ALMEIDA, Sílvio Luiz de. **Racismo Estrutural**. São Paulo: Sueli Carneiro; Pólen, 2019. 256 p. (Feminismos Plurais).

CARIBÉ, João. **O que é ciberativismo?** 2010. Nós da Comunicação. Disponível em: https://www.youtube.com/watch?v=VUEHTuHXuTU. Acesso em: 26 ago. 2021.

CUTRIM, Evelucia. **NEGRITUDE NA TELA: manifestações da luta antirracista no youtube brasil**. 2018. 68 f. TCC (Graduação) - Curso de Curso de Ciências Sociais - Bacharelado, Instituto de Filosofia e Ciências Humanas, Universidade Federal do Rio Grande do Sul, Porto Alegre, 2018.

GELEDÉS - INSTITUTO DA MULHER NEGRA (São Paulo). **A humilhação como tecnologia de controle da população negra**. 11 ago. 2021. Facebook: Geledés Instituto da Mulher Negra. Disponível em: https://www.facebook.com/geledes/posts/10158043635811816. Acesso em: 06 set. 2021.

GONZALEZ, Lélia; HASENBALG, Carlos. **Lugar de Negro**. Rio de Janeiro: Marco Zero, 1982. 115 p.

MOURA, Maria Aparecida. S**emioses decoloniais: afrofuturismo, performance e o colapso do privilégio branco**. In: CORRÊA, Laura Guimarães et al (org.). Vozes Negras em Comunicação: mídia, racismos, resistências. Belo Horizonte: Autêntica, 2019. p. 53-73.

NASCIMENTO, Abdias. **O quilombismo: documentos de uma militância pan--africanista**. 2. ed. Brasília/Rio de Janeiro: Fundação Palmares/or Editor Produtor, 2002. 362 p.

NASCIMENTO, M. S. **O USO DO WHATSAPP NA TRANSMISSÃO DO SABER RELIGIOSO DO AXÉ OJO L'ONIN**. Revista Encantar - Educação, Cultura e Sociedade, v. 1, n. 2, p. 390-396, 19 jun. 2020.

NASCIMENTO, Maria Beatriz. **Historiografia do Quilombo**. 1977. In: Beatriz Nascimento, **Quilombola e Intelectual: Possibilidades nos dias da destruição**. Maria Beatriz Nascimento. Diáspora Africana: Editora filhos da África, 2018.

Nos Tempos do Imperador. Direção: João Paulo Jabur. Autores: Thereza Falcão e Alessandro Marson. Produção de Claudio Dager. Local Rio de Janeiro – Brasil: TV Globo, 2021, TV aberta.

PAZ, Tatiana Santos da. **Ativismo Em Rede E Processos Formativos Decoloniais Articulados Por Mulheres Negras No Youtube.** 2019. 205 f. Tese (Doutorado) - Curso de Educação, Tecnologias Digitais na Educação, Universidade Federal do Ceará, Fortaleza, 2019.

RATTS, Alex. E**u sou atlântica: sobre a trajetória de vida de Beatriz Nascimento**. São Paulo: Instituto Kuanza/Imprensa Oficial do Estado de São Paulo, 2006. 138 p.

RAUL, Jessica Mara. **Entre Silêncios E Protestos: Uma Reflexão Sobre Escrita Preta No Ciberespaço**. Revista Docência e Cibercultura, Rio de Janeiro, v. 3, n. 3, p.166-194, 31 dez. 2019. Universidade de Estado do Rio de Janeiro. http://dx.doi.org/10.12957/redoc.2019.44955.

SANTOS JÚNIOR, Adilson dos. **@adjunior_real**. 24 ago. 2021. Instagram: @ adjunior_real. Disponível em: https://www.instagram.com/adjunior_real/?hl=pt-br. Acesso em: 24 ago. 2021.

SOUZA, Gustavo. P**ensando o ciberespaço e a cibercultura**. 2015. Disponível em: http://www.ead.unimontes.br/nasala/pensando-ciberespaco/. Acesso em: 20 ago. 2021.

Capítulo 04

Taís Oliveira
Taís Oliveira é relações-públicas pela Faculdade Paulus de Tecnologia e Comunicação (FAPCOM), Mestra e doutoranda em Ciências Humanas e Sociais pela Universidade Federal do ABC (UFABC). Fundadora e Diretora Executiva do Instituto Sumaúma.

Ciência, Tecnologia e Interdisciplinaridade: As críticas visionárias de Abdias Nascimento

Taís Oliveira

"Quilombo não significa escravo fugido. Quilombo quer dizer reunião fraterna e livre, solidariedade, convivência, comunhão existencial."
(Abdias Nascimento)

Abdias Nascimento: um intelectual interdisciplinar

Abdias Nascimento (1914-2011) foi um intelectual de formação e atuação bastante interdisciplinar. Nascido no município de Franca, no Estado de São Paulo, neto de africanos escravizados, filho de mãe doceira e pai sapateiro e músico. Formou-se em Economia na Universidade do Rio de Janeiro (1938), pós-graduado no Instituto Superior de Estudos Brasileiros (1957) e em Estudos do Mar no Instituto de Oceanografia (1961).

Também foi professor emérito da Universidade do Estado de Nova York, professor visitante na Escola de Artes Dramáticas da Universidade Yale, Visiting Fellow no Centro para as Humanidades na Universidade Wesleyan, professor visitante do Departamento de Estudos Afro-Americanos da Universidade de Temple e professor visitante no Departamento de Línguas e Literaturas Africanas da Universidade Obafemi Awolowo em Ilé-Ifé, da Nigéria.

Além disso, Abdias foi deputado federal, senador da República, secretário do Governo do Estado do Rio de Janeiro, poeta, dramaturgo, artista plástico, ativista pan-africanista, fundou o Teatro Experimental do Negro e o Museu de Arte Negra. Nascimento foi preso político por lutar contra o regime do Estado Novo e na ditadura militar, em decorrência do AI-5, viveu em exílio por 13 anos. Ao retornar para o Brasil foi uma voz essencial para a fundação do Movimento Negro Unificado contra o Racismo e a Discriminação, mais adiante o que viria a ser renomeado apenas como Movimento Negro Unificado (MNU). Em 1981 fundou o Instituto de Pesquisas e Estudos Afro-Brasileiros (Ipeafro) e participou ativamente das articulações nacionais para a conferência de Durban, em 2001.

O intelectual ganhou diversos prêmios, título e reconhecimentos, dentre os quais títulos de Doutor Honoris Causa de instituições de ensino como a Universidade do Estado do Rio de Janeiro, da Universidade Federal da Bahia, da Universidade de Brasília, da Universidade do Estado da Bahia e da Universidade Obafemi Awolowo em Ilé-Ifé. Sobre suas produções, Abdias Nascimento possui mais de 40 exposições individuais, coletivas e permanentes, foi autor em diversas antologias, revistas e obras coletivas e autor de livros como O Genocídio do Negro Brasileiro, O Griot e as Muralhas, O Brasil na Mira do Pan-Africanismo, A Luta Afro-Brasileira no Senado, Jornada Negro-Libertária, entre outros. Entretanto, destacaremos aqui o livro O Quilombismo – Documentos de uma Militância Pan-Africana.

A obra O Quilombismo, cuja primeira edição data de 1980, é uma coletânea de ensaios com análises sociológicas, antropológicas, históricas e político-ideológicas sobre o racismo no Brasil. Trata-se da materialidade do legado de anos de produção acadêmica, artística e de militância política de Abdias Nascimento. O livro contém 10 ensaios que analisam e compararam o racismo em diversos países, sobretudo os colonizados, que apresentam discursos proferidos em congressos pan-africanistas, algumas de suas aulas em universidades, análises a partir do território latino-americano, diálogo com obras de Frantz Fanon e reflexões com intersecção de gênero.

Dentre os temas abordados na obra, o intelectual ressalta em diversas passagens a preocupação com os cenários sociais que perpassam a ciência e a tecnologia. E é a partir desse olhar para a leitura da obra que o objetivo deste artigo é relacionar as análises críticas de Abdias Nascimento com as problemáticas contemporâneas a respeito da ciência e tecnologia. Pretende-se ainda discutir as possibilidades da interdisciplinaridade como caminho de suporte empírico, crítico e interpretativo para contextos complexos. Para tanto, partimos da seguinte pergunta: Quais as contribuições das reflexões críticas de Abdias Nascimento para os fenômenos contemporâneos quanto à ciência, tecnologia e interdisciplinaridade?

Interdisciplinaridade em contextos complexos

Sabe-se que o termo "interdisciplinar" não é dotado de um consenso conceitual no campo acadêmico. Inclusive, alguns pesquisadores argumentam que enquadrar a interdisciplinaridade em uma disciplina seria incoerente em relação ao seu propósito, seja na pesquisa, no ensino ou no mercado das profissões. Deste ponto de vista, a interdisciplinaridade seria mais sobre uma prática em andamento do que uma cartilha de regras epistemológicas e metodológicas (LEIS, 2005).

Para Fazenda (2008) o debate sobre a interdisciplinaridade se amplia na medida em que estamos expostos a diversos contextos complexos das quais as disciplinas convencionais não estão plenamente preparadas. Para Pombo (2008), é nosso dever enquanto cidadãos e pesquisadores do século XXI dar conta das mudanças profundas no modo de fazer ciência. Para a autora, embora o conceito de interdisciplinaridade tenha sua carga de instabilidade, as questões relativas às mudanças e complexidades da sociedade estão postas à mesa aguardando as nossas contribuições.

Ao analisar os modos de produção acadêmica, Leis (2005) aponta que há certas consequências da departamentalização da universidade que resulta num apagamento de sua vocação para desafios inovadores. Deste modo, a universidade se torna refém das regras do mercado, como o ciclo da produtividade que rege a distribuição de bolsas, verbas de pesquisa e até o prestígio social no âmbito acadêmico. Para o autor a interdisciplinaridade pode ser vista como o encontro entre as atividades (disciplinares e interdisciplinares) com lógicas diferentes e seu objetivo deve ser chegar ao conhecimento a partir de uma integração de alternativas complementares, produzindo enfim um saber empírico, interpretativo e crítico ao mesmo tempo.

É inegável que estamos presenciando muitas questões complexas relativas à ciência e tecnologia na sociedade contemporânea, como a produção e a propagação de desinformação e do discurso de ódio por meio de interfaces digitais, a plataformatização e precarização do trabalho, processos eleitorais no contexto digital, transparência de informações públicas, racismo algorítmico, vigilância e proteção de dados pessoais, desigualdade no acesso à conectividade, super dependência das grandes corporações de tecnologia, desmanche e desvalorização da ciência, entre outros fenômenos.

A maior parte destas problemáticas se acentuam neste início dos anos 2000, mas Abdias Nascimento foi visionário e assertivo em suas críticas no campo da ciência e tecnologia desde a década de 70. Bem como afirma o professor Kabengele Munanga no prefácio da terceira edição de O Quilombismo: “Diria sem exagero que o professor Abdias era uma pessoa a frente do seu tempo [...] pois percebe-se em suas obras, há quase meio século, todo um elenco de assuntos sobre os quais a sociedade brasileira se debruça hoje”. O intelectual já trazia reflexões acerca de temas imprescindíveis para a construção de uma sociedade livre da desigualdade racial, social e com equidade. Algumas destas contribuições estão reunidas na obra O Quilombismo, da qual discorreremos mais detalhadamente sobre ciência e tecnologia a seguir.

O sentido social da ciência e da tecnologia

Na introdução de suas reflexões a respeito da ciência e tecnologia, o intelectual afirma: "Acredito na pedagogia que liberta a tecnologia de sua atual tendência de escravizar o ser humano" (NASCIMENTO, p. 98, 2019). Para Abdias é necessário um encorajamento à investigação autóctone, antielitista e não classista. Bem como uma autossuficiência na adoção e desenvolvimento tecnológico e científico. E que esse percurso deve ocorrer em paralelo ao desenvolvimento das nações em harmonia com o ambiente e a realidade humana. A "ajuda técnica", que vem no formato de configurações avançadas de tecnologia do capitalismo industrial, promovem a inserção do capital monopolístico internacional e a alienação do autoconhecimento nacional.

Nascimento acredita que a libertação tecnológica e libertação da dependência neocolonialista só seria possível quando os países fossem capazes de desenvolver seus próprios aparatos organizacionais e tecnológicos. De outro lado, uma cooperação tecno-científica teria uma significação pedagógica com objetivos centrados em eficácia produtiva, economicidade administrativa e demais práticas que culminariam em desenvolver o uso no sentido social da tecnologia. Isto porque para Abdias a dependência científica e tecnológica equivale ao estrangulamento e à criação de sistemas de opressão, pois advindas de potências coloniais e capitalistas estas teriam como objetivo majoritário apenas a ambição dos lucros.

Em contrapartida, o autor vislumbra uma revolução cultural amparada no princípio da soberania de consciência, no conhecimento, nas projeções tecnológicas e na autonomia tecno-científica que assim seria responsável pela emancipação das nações, pelo desenvolvimento de justiça social, da dignidade humana, pelo progresso econômico internacional e pela soberania dos povos. Todavia, Nascimento ressalta que a cooperação tecno-científica no sentido de acelerar o desenvolvimento global deve estar atenta às motivações imperialistas, a "ajuda" não pode ser sinônimo de exploração.

A razão de sua ênfase na investigação autóctone, ou seja, que se origina na região em que se manifesta, pode ser observada no questionamento: "Seria a ciência social elaborada na Europa ou no Estados Unidos tão universal em sua aplicação?" (NASCIMENTO, p. 287, 2019). Para o intelectual, é necessário um conhecimento científico que formule de maneira sistemática, teórica e consistente as experiências de opressão colonial nos territórios e dos crimes e dogmas do eurocentrismo dito científico.

Abdias não só apresenta críticas ao contexto social, mas também oferece alternativas baseadas em um projeto radical de emancipação, como afirma em "Não nos interessa a proposta de uma adaptação aos moldes da sociedade capitalista e de classes" (NASCIMENTO, p. 288, 2019), ou seja, as formas tradicionais de instituições políticas, sociais e econômicas servem apenas para postergar uma emancipação total e definitiva. Somente uma transformação radical das estruturas vigentes seria capaz de criar uma democracia verdadeiramente autêntica fundada pelo o que o intelectual denomina "os deserdados do país". Para Nascimento um território que tem como premissa a eliminação de toda forma de racismo, da desigualdade e da exploração econômica é capaz de desenvolver um projeto coletivo de sociedade legitimada na liberdade, na justiça, na igualdade e no respeito a todos os seres humanos e isso atravessa pelas problemáticas da ciência e da tecnologia.

Assim, essa proposta de sociedade é moldada a partir de princípios Quilombistas, cujo objetivo seria libertar o trabalhador da exploração tecnocapitalista. Logo, sua desgraça deixaria de ser o sustentáculo de uma sociedade burguesa parasitária, racista, individualista e inimiga da felicidade e da dignidade humana. Um futuro de melhor qualidade necessita de um esforço de organização e mobilização coletiva da população e de seus saberes sistematizados no fronte da criação teórico-científica. Para Abdias Nascimento – um intelectual interdisciplinar – a ciência constitui uma entre outras vias do conhecimento.

Dos sistemas de opressão aos sistemas de libertação

Aqui gostaríamos de destacar alguns dos problemas contemporâneos que perpassam os aspectos tecnológicos e que, em certa medida, reforçam opressões. Além de apontar para contra narrativas que visam deslumbrar uma sociedade mais justa e plural.

A começar pelo relatório do Instituto Marielle Franco que traz um panorama das violências sofridas por mulheres negras nas campanhas

[1] Disponível em: https://www.violenciapolitica.org/. Acesso em: 26/09/2021.

eleitorais municipais do pleito de 2020. Os resultados da pesquisa "A violência política contra mulheres negras: Eleições 2020"[1] apontam que 78% das entrevistadas sofreram alguma violência virtual. Destas, 20,7% receberam comentários racistas em suas redes sociais; 18% participaram de uma reunião online invadida, 17,1% tiveram sua própria reunião invadida, 12,6% foram vítimas de ataques com conteúdo racistas durante uma live; 8,1% foram vítimas de criação e disseminação de notícias falsas; 5,4% sofreram invasões nas redes sociais, contas e dispositivos pessoais, ou sofreu algum tipo de censura nas suas redes sociais, ou comentários e mensagens LGBTfóbicas.

Estes dados corroboram com a análise de Trindade (2020) a respeito da presença do termo "discurso de ódio" na grande imprensa brasileira. O pesquisador analisou 506 matérias jornalísticas que continham o termo "discurso de ódio" entre os anos 1993 e 2018 e constata que é a partir de 2012 quando ocorre um expressivo aumento da ocorrência do termo nos veículos analisados, com 92,6% das citações até 2018. Trindade atribui a concentração nesse curto período ao crescimento, popularização e monopolização das plataformas de mídias sociais.

As questões climáticas também têm sua relação com as grandes corporações de tecnologia. Vimos recentemente que Jeff Dean, chefe de Inteligência Artificial da Google, forçou a saída de Timmit Gebru[2] - até então co-líder da equipe de ética da corporação de tecnologia – por não concordar com um artigo em que a pesquisadora é coautora. Neste artigo, além de denúncias de racismo, há apontamentos sobre os riscos e consequências no processamento de grandes modelos de linguagem, sobretudo dos custos ambientais causados pela energia elétrica necessária para que os computadores sejam capazes de processar a quantidade de dados destes modelos. Jeff Dean afirmou que o referido artigo de Timmit não atendeu ao padrão de publicação da Google. De certo, Dean não mentiu: talvez a Google seja exatamente o padrão oposto do que Timmit considera um comportamento aceitável de uma mega corporação que produz impactos globais.

Outro exemplo de problemas contemporâneos que perpassam os aspectos tecnológicos e que, em certa medida, reforçam opressões, é o que Silva (2020) analisa em casos de racismo algorítmico a partir da ideia de microagressões raciais, ou seja, as "sutis" ofensas verbais, comportamentais e ambientais, sejam elas intencionais ou não inten-

---

[2] Disponível em: https://bitniks.com.br/sao-as-grandes-corporacoes-que-tem-mudado-o-clima-do--planeta. Acesso em 14/09/2021.

cionais. Entre alguns dos casos apresentados por Silva há situações como a hiperssexualização de corpos negros no mecanismo de busca da Google, chatbot com base em inteligência artificial da Microsoft que se tornou racista com menos de um dia de uso e sistemas de visão computacional que não reconhecem rostos de pessoas negras. O autor acredita que para grupos minorizados, as microagressões e suas taxonomias podem ajudar populações racializadas a nomear suas dores e a engajar-se em estratégias anti-opressivas. Além disso, o pesquisador afirma ser urgente, sobretudo para as sociedades contemporâneas, uma perspectiva tanto interdisciplinar quanto interinstitucional de atuação para questões como estas.

Em estudo similar, mas com intersecção de gênero, Miranda (2021), ao discorrer a respeito das mediações algorítmicas e representação cultural de mulheres negras, aponta que dentre as razões da exacerbada representação machista e racista, a concentração produtiva de tecnologias em gigantes da web, como Google, Apple, Facebook, Amazon e Microsoft, é nociva pois tecnologias feitas pelos mesmos agentes hegemônicos imprimem seus padrões sociais e culturais, e dessa forma invisibilizam as pluralidades possíveis.

Um último exemplo de tecnologias que se enquadram nas características de novos sistemas de opressão são as tecnologias de reconhecimento facial. Em pesquisa realizada entre março e outubro de 2019, a Rede de Observatórios de Segurança[3] monitorou os casos de prisões e abordagens com o uso de reconhecimento facial nos estados da Bahia, Rio de Janeiro, Santa Catarina e Paraíba. Dos casos monitorados pela Rede, a Bahia foi responsável por 51,7% das prisões; seguida do Rio de Janeiro, com 37,1%; Santa Catarina, com 7,3%; e Paraíba, com 3,3%. Nos casos em que havia informações sobre raça e cor, ou quando havia imagens dos abordados (42 casos), 90,5% das pessoas eram negras e 9,5% eram brancas. Ou seja, esta tecnologia nos parece mais sobre reconhecimento racial, do que reconhecimento facial.

Bom, e como lidar com todas essas problemáticas e sistemas de opressão? Certamente há diversos caminhos, mas aqui nos apoiaremos nas propostas de Abdias Nascimento, ou seja, na promoção de sistemas de libertação a partir dos princípios Quilombistas: com esforço de organização e mobilização coletiva da população e de seus saberes sistematizados no fronte da criação teórico-científica. Em outras palavras,

[3] Disponível em: http://observatorioseguranca.com.br/wp/wp-content/uploads/2019/11/1relatoriorede.pdf. Acesso em 25/09/2021.

nós cidadãos e pesquisadores comprometidos com uma nova sociedade devemos adotar uma postura interdisciplinar, radical e inovadora para uma emancipação total e definitiva.

Como aponta Miranda (2021), a democratização do acesso às tecnologias e a educação digital possibilitam que mais pessoas tenham condições de entender como as mídias são consumidas e o desenvolvimento de um pensamento crítico sobre quem produz as interfaces. Bem como ressalta Guimarães Silva (2017), para compreender os contextos socioeconômicos e socioculturais onde as hashtags não chegam por questões técnicas, infraestruturais, estruturas sociais e desigualdades diversas é preciso entender as mediações, pois embora a tecnologia altere drasticamente a infraestrutura da conectividade social, isso não significa necessariamente a garantia de uma sociedade menos desigual e menos hierarquizada.

De certo, salvo exceções, o que Abdias Nascimento nos aponta é mais sobre uma convivência harmoniosa e estratégica com as tecnologias, do que sobre sua eliminação total. A despeito disso e de mobilizações coletivas para sistematizar os saberes, sejam eles empíricos, teóricos, das artes ou das ciências. Observemos alguns exemplos de usos da tecnologia como potência libertadora e transformadora.

Embora com acentuadas disparidades, na medida do possível as mulheres negras brasileiras têm se apropriado de ferramentas tecnológicas como estratégias de resistência.

Exemplo disso são os coletivos de mulheres negras que propõem soluções às brechas tecnológicas, sobretudo a brecha de conhecimento e manipulação de tecnologias em meios formais e informais para o desenvolvimento de uma autonomia frente às Tecnologias da Informação e Comunicação (TICs) e assim fazer uso social das habilidades tecnológicas adquiridas na promoção de inovação e transformação social. Iniciativas de compartilhamento de conhecimento como Minas Programam, Preta Lab, Info Preta, OxenTI Menina, BlackRocks Startup, Blogueiras Negras entre outras, são práticas genuínas de resistência e negociação perante os processos de globalização e avanço tecnológico (LIMA & OLIVEIRA, 2020).

Na seara da identificação, Gomes (2020) relata em seu estudo sobre marcadores sociais da diferença a partir das mídias sociais digitais e como as comunidades neste ambiente colaboram positivamente para a transformação da autoestima da população negra. Sobretudo na articulação entre as consequências do colonialismo e o resgate da humanidade retirada de pessoas negras. Outro estudo nesse sentido pode ser observado na Tese #Conectadas: O Feminismo Negro nas Redes Sociais de Dulcilei Lima (2020), que buscou compreender como se dá o Feminismo Negro nas redes sociais. A pesquisadora aponta que a maioria das mulheres entrevistadas afirma ter chegado ao feminismo negro por meio da universidade, através de leituras e debates ou através de plataformas da internet como as redes sociais, blogs, influenciadoras digitais e plataformas de vídeo. Os fluxos identitários são centrais para caracterizar o feminismo negro nas redes sociais. A partir dos relatos sobre o processo de enegrecimento, a autora percebe a relevância do espaço acadêmico e das redes sociais para aquisição de identidade e melhora da autoestima de mulheres negras.

Ao tratar de estratégias de obtenção de renda, Oliveira (2019) investigou como se dão as relações e estruturas do Afroempreendedorismo a partir das redes sociais na internet. A pesquisa aponta para uma rede de atributos diversos, não homogêneos e com representações que demonstram especificidades, como a valorização da estética negra, aproximação com problemas sociais, veículos de comunicação com demarcador racial, artistas negros, entre outros. Elementos que não permeiam especificamente a prática Afroempreendedora, mas que sugerem um entrelaçamento com a própria identidade e vivência da população negra.

Mas como bem disse Abdias, a ciência constitui uma entre outras vias do conhecimento, e podemos enumerar alguns outros excelentes exemplos de apropriação das tecnologias para o compartilhamento do saber em torno da negritude. Como a série sobre desinformação que a youtuber Gabi Oliveira[4] elaborou em parceria com a Avaaz – a rede para mobilização social por meio da internet. Os vídeos abordam temas como de que modo as notícias falsas desarticulam o movimento negro, sobre o assassinato da Vereadora carioca Marielle Franco, o assassinato do jovem negro Marcus Vinicius, o caso do produtor de conteúdo Caio Revela que sofreu desinformação motivada por gordofobia e o caso da jornalista negra Bianca Santana que foi alvo de desinformação pelo presidente em exercício[5]. Juntos, os cinco vídeos da série somam mais de 120 mil visualizações na plataforma Youtube.

---

[4] Disponível em: https://youtube.com/playlist?list=PLSMd80ZCWVkWBBKl-iBpFiwQ1DQaIi0Bt. Acesso em 23/11/2021.

[5] Disponível em: https://www.cartacapital.com.br/justica/bolsonaro-e-condenado-a-indenizar-jornalista-por-danos-morais/. Acesso em 23/11/2021.

Ainda no campo do audiovisual, o documentário "AmarElo – É tudo pra ontem" produzido pela Netflix em parceria com a Laboratório Fantasma[6] – produtora e selo musical do rapper brasileiro Emicida e de seu irmão Evandro Fióti – conta, em torno do show de lançamento do disco AmarElo no Theatro Municipal de São Paulo, sobre as inspirações para a concepção da obra. Entre essas referências há nomes como o do próprio Abdias Nascimento, Lélia Gonzalez, as escadarias do teatro municipal como território de fundação do MNU, o samba, as religiões de matriz africana e diversos outros elementos da cultura brasileira que são profundamente enraizados na cultura negra. O documentário "AmarElo – É tudo pra ontem" foi indicado ao Emmy Internacional de 2021 – uma das mais relevantes premiações do audiovisual mundial – como Melhor Programa Artístico.

Outro exemplo bastante admirável é o documentário visual "Negritudes Brasileiras"[7] da youtuber Nátaly Neri que tem como proposta continuar com o debate racial brasileiro localizando-o no tempo presente, sobretudo com a popularidade de novos conceitos como representatividade e a crescente expansão da internet como fenômeno comunicacional, tecnológico e social. Para Nátaly, que assina a obra como produtora executiva, a "consciência racial é o primeiro passo para libertação. Conhecimento é o que nos coloca no centro do mundo e no centro de nós mesmos".

Por fim, mais um exemplo permeado pelas tecnologias é a Winnieteca que tem como objetivo conectar pessoas através de livros para promover mudanças contra o racismo. Criada em 2018 pela ativista e pesquisadora Winnie Bueno e apoiada pela plataforma Twitter e pelo Geledés – Instituto da Mulher Negra, a ideia é que pessoas não-negras antirracistas subsidiem livros para pessoas negras, assim apoiando suas trajetórias educacionais, pesquisas e hábitos de leitura. Entre os anos de 2018 e 2019 a iniciativa circulou mais 1 mil livros em todo país[8].

Podemos inferir que Abdias Nascimento não está sozinho na crença de uma pedagogia que liberta a tecnologia de sua atual tendência de escravizar o ser humano. Há um esforço e um compromisso nesta época, sobretudo pelos "deserdados do país", como nomeou Abdias, para a

---

[6] Disponível em: http://www.labfantasma.com/documentario-emicida-netflix/. Acesso em: 23/11/2021.

[7] Disponível em: https://youtu.be/SMlRaztcAwQ. Acesso em 23/11/2021.

[8] Disponível em: https://www.geledes.org.br/winnieteca-usa-leitura-como-ferramenta-de-combate-ao-racismo/. Acesso em: 23/11/2021.

construção de uma sociedade legitimada na liberdade, na justiça, na igualdade e no respeito a todos os seres humanos. E que promove um esforço de organização e mobilização coletiva da população para a sistematização de seus saberes teórico-científicos. Afinal, quais as contribuições das reflexões críticas de Abdias Nascimento para os fenômenos contemporâneos quanto à ciência, tecnologia e interdisciplinaridade?

As críticas visionárias de Abdias Nascimento

Observamos na trajetória do intelectual Abdias Nascimento um exemplo de como a interdisciplinaridade é importante para uma leitura plural da sociedade, tanto a respeito de suas potencialidades quanto de suas desigualdades e injustiças. As críticas visionárias de Abdias Nascimento anteciparam o que seria um contexto complexo com profundas mudanças no modo de fazer ciência. As suas várias formas de criar artifícios de denúncia e análise social proporcionavam o encontro entre atividades disciplinares e de lógicas diferentes, mas que tinham em sua essência o objetivo de produzir um saber empírico, interpretativo e crítico ao mesmo tempo.

De certo modo, a própria figura de Abdias poderia ser referenciada com características interdisciplinares, uma vez que sua intelectualidade é forjada no berço da arte, da academia e da militância. É como se, mais uma vez visionário, Abdias Nascimento nos dissesse: preparam-se de modo interdisciplinar, pois o que pode vir por aí é complexo demais para caber em caixinhas predefinidas de conhecimento.

Nos encontramos em um contexto de descrença e desmanche sistemático da educação e da pesquisa científica; somos dependentes tecnologicamente das grandes potências coloniais mundiais; disputamos espaços e narrativas com uma ciência que se pretende elitista e classista; vivenciamos mudanças climáticas intensas e irreversíveis; empresas estatais sendo vendidas para corporações estrangeiras; e sentimos um enorme desconforto com as representações atuais do que é ter a identidade "brasileiro". Isto é, exatamente o extremo oposto do que Abdias Nascimento deslumbrava com o futuro da sociedade.

Viver a contemporaneidade é, como cantou Racionais MCs na música A vida é o desafio,: "A vida não é o problema, é batalha, desafio. Cada obstáculo é uma lição, eu anuncio. É isso aí voce não pode parar, esperar o tempo ruim vir te abraçar. Acreditar que sonhar sempre é preciso é o que mantém os irmãos vivos". Vimos na seção anterior diversos exemplos de como a dependência tecnológica criou sistemas de opressão do qual o lucro é mais importante do que a dignidade humana. Por outro lado, também vimos caminhos abertos para um projeto de sociedade com soberania de consciência, no conhecimento, nas projeções tecnológicas e na autonomia tecno-científica. Logo, uma projeção que seria responsável pela emancipação das nações, desenvolvimento de justiça social, da dignidade humana e pelo progresso econômico internacional e pela soberania dos povos.

Para Abdias, a emancipação total e definitiva só pode ser realidade com a premissa de uma transformação radical das estruturas vigentes. Essa transformação seria capaz de criar uma democracia autêntica com a eliminação de toda forma de racismo, de desigualdade e da exploração econômica. Enfim, uma sociedade legitimada na liberdade, na justiça, na igualdade e no respeito a todos os seres humanos.

Todas estas características fazem parte dos princípios Quilombistas e para Abdias Nascimento "O quilombismo está em constante reatualização, atendendo exigências do tempo histórico e situações do meio geográfico" (p. 282), logo resta-nos encerrar essa reflexão não com respostas, mas com inquietações do nosso tempo: como podemos colaborar, enquanto cidadãos e pesquisadores, com as mudanças profundas nos diversos contextos complexos? Como desenvolver uma ciência independente a partir dos saberes do território? Como alinhar desenvolvimento tecnológico com o desenvolvimento social? Como acabar com os sistemas de opressão resultantes das tecnologias?

Referências Bibliográficas:

FAZENDA, Ivani C. Arantes. **Interdisciplinaridade-transdisciplinaridade: Visões culturais e epistemológicas.** In FAZENDA, Ivani (org). O Que é interdisciplinaridade? São Paulo: Cortez, 2008.

GOMES, Larisse Louise Pontes. **Estéticas em transformação: a experiência de mulheres negras na transição capilar em grupos virtuais**. In SILVA, Tarcízio (org). Comunidades, Algoritmos e Ativismos Digitais: olhares afrodiapóricos. LiteraRua: São Paulo, 2020.

GUIMARÃES-SILVA, Pâmela. **Quando as hashtags não chegam: O lugar da mídia no ordenamento e na constituição da sociedade**. Revista Temática, ano XIII, n. 09, 2017.

LEIS, Héctor Ricardo. **Sobre o conceito de interdisciplinaridade. Cadernos de pesquisa interdisciplinar em ciências humanas**, v. 6, n. 73, p. 2-23, 2005.

LIMA, Dulcilei C. **Conectadas: O Feminismo Negro nas Redes**. Tese (Doutorado em Ciências Humanas e Sociais) – Programa de Ciências Humanas e Sociais, Universidade Federal do ABC, 2020.

LIMA, Dulcilei C.; OLIVEIRA, Taís. **Negras in tech: apropriação de tecnologias por mulheres negras como estratégias de resistência**. Cad. Pagu, Campinas, n. 59, e205906, 2020.

MIRANDA, Raiane. **Mediações algorítmicas e representação cultural de mulheres negras**. In: GUIMARÃES-SILVA, Pâmela (Org.). Orientação Afirmativa: Interseccionalidade e Comunicação. 1ed. Belo Horizonte: Selo PPGCOM, 2021.

NASCIMENTO, Abdias. **O Quilombismo – Documentos de uma Militância Pan-Africanista**. 3ª ed. rev. São Paulo: Perspectiva; Rio de Janeiro: Ipeafro, 2019.

OLIVEIRA, Taís. **Redes Sociais na Internet e a Economia Étnica: um estudo sobre o Afroempreendedorismo no Brasil**. Dissertação (Mestrado em Ciências Humanas e Sociais) – Programa de Ciências Humanas e Sociais, Universidade Federal do ABC, 2019.

POMBO, Olga. **Epistemologia da interdisciplinaridade**. Ideação, v. 10, n. 1, p. 9-40, 2008.

SILVA, Tarcízio. **Racismo Algorítmico em Plataformas Digitais: microagressões e discriminação em código**. In SILVA, Tarcízio (org). Comunidades, Algoritmos e Ativismos Digitais: olhares afrodiapóricos. LiteraRua: São Paulo, 2020.

TRINDADE, Luiz Valério P. **Mídias Sociais e a naturalização de discursos racistas no Brasil**. In SILVA, Tarcízio (Org). Comunidades, Algoritmos e Ativismos Digitais: olhares afrodiapóricos. LiteraRua: São Paulo, 2020.

Capítulo 05

Elizandra Salomão
Liz Salomão, graduada em Direito pela Universidade de Brasília, é especialista em Direito Digital e Proteção de Dados. Seu trabalho de pesquisa se concentra na relação entre vieses algorítmicos e a formulação de políticas públicas. Ela tem contribuído com trabalhos sobre design discriminatório, reconhecimento facial e direito à cidade, abordando a oposição entre a vigilância automatizada, racismo algorítmico e o direito à privacidade, tratando de questões importantes sobre ética e justiça na era digital.

Pedro Diogo Carvalho Monteiro
Mestre em Direito Penal e Liberdades Públicas pela Universidade Federal da Bahia (UFBA). Graduado em Direito pela Universidade do Estado da Bahia (UNEB). Pesquisador voluntário no Laboratório de Políticas de Internet (LAPIN). Pesquisa temas relativos a terror racial e sistema penal, aprofundando no modo como novas tecnologias são incrementadas e operadas no contexto do genocídio antinegro no Brasil.

Entre aparelhos de repressão e a quilombagem: Vigilância e contra-vigilância negra a partir do olhar de Clóvis Moura

Elizandra Salomão

Pedro Diogo Carvalho Monteiro

Contrariando narrativas de submissão e inercia, a luta dos povos africanos em diáspora pela liberdade é registrada juntamente aos tratados sobre as violências em seu sequestro e trânsito pela passagem do meio. Compreendendo uma trajetória de estratégias de defesa e contra-vigilância negra (*Dark Sousveillance (Browne, 2016)*) procuramos ajudar a reconstruir o histórico dos passos negros sobre esta terra, considerando-o sujeito ativo de sua história, ainda que reduzido a escravo, na manutenção de uma vontade que inúmeras vezes se realizou com o fim da vida determinado pelo próprio indivíduo.

Rastros de resistência que orientam para o encontro com o contexto da Quilombagem, como definido por Clóvis Moura, mecanismo de defesa que atravessa séculos, para descrever as estratégias diversas empregadas ao longo de nossa história no âmago da liberdade e da sobrevivência. Chegando a segunda década do século XXI, conectamos esses rastros aos de nós mesmos e de nossos contemporâneos na reversão dos mecanismos opressivos impostos sobre nossas mentes e corpos para a construção de nossa liberdade de existir e se pertencer.

A esse ponto, gostaríamos de dizer que essas táticas de resistência não são mais necessárias, que após meio século de lógicas de violência e desumanização, a igualdade entre pessoas independente da raça e etnia é reconhecida como no texto da Constituição Cidadã. No entanto nossos corpos continuam tombando pelas mesmas mazelas descritas em outros carnavais. A resistência evolui, mas não a ponto de conseguir refrear as desgraças trazidas pela fome, doença, pela violência ou pelo projeto de Estado Policial deitado sobre ideais de controle e extermínio de uma população pela cor.

Compreendendo o domínio de marcas da escravização e sua posterior conversão em instituto da liberdade, propomos esse diálogo da realidade nacional com o conceito de dark sousveillance de Browne que trata sobre a inversão, pelos titulares dos corpos vigiáveis, da lógica de vigilância contra seus aplicadores. As ferramentas biométricas evoluem em complexidade, ao ponto em que a organização coletiva para subverter seu intrusivo papel se faz novamente imprescindível.

Lutar por autonomia e liberdade nunca deixa o centro das prioridades da população em diáspora, e ao entender a sacralidade da ancestralidade, nos aquietamos a ouvir outros passos que vêm de longe.

Resistência corpórea e estratégias de dissidência – do portão de não retorno à passagem do meio

> A escravização produzia uma resistência imediata e espontânea, principalmente quando feita por meio de ataques repentinos e sequestro. As pessoas reagiam, fugiam, faziam o possível para escapar aos que queriam escravizá-las. Uma vez capturados e organizados em comboios, a principal forma de resistência era a fuga, que os sequestradores procuravam evitar por meio da vigilância armada e de várias tecnologias de controle. (REDIKER, 2011, p. 111)

As formas de captura de pessoas para o tráfico de escravos diferiam. Por vezes grupos de etnias diferentes entravam em conflito e o vencedor submetia o outro, por vezes as pessoas eram abordadas e levadas a força, e havia também a exploração do homem branco na busca de cativos em terras africanas (REDIKER, 2011, p. 34). Estima-se que ao todo, 12.521.337 pessoas foram embarcadas para a travessia do Atlântico, viagem a qual somente 10.702.657 sobreviveram (GOMES, 2019, p. 217). O processo de tornar pessoas em carga viva fazia vítimas desde seu reconhecimento, selecionando os mais jovens e saudáveis entre famílias inteiras, o dano colateral da ofensiva se materializava naqueles que não serviam para a empresa escravista.

> Morice foi um comerciante e proprietário de navios muito dedicado ao seu trabalho. Fez questão de aprender os detalhes do tráfico, que ele traduzia em meticulosas instruções para sua equipe de capitães. Explicava que as práticas comerciais variavam de um para outro porto da África. Ele sabia que permanecer na costa durante muito tempo aumentava o risco de mortalidade, por isso desenvolveu práticas de cooperação entre seus navios para que os escravos fossem carregados rapidamente. Ele instruía seus capitães a comprar escravos com idades entre doze e 25 anos, na razão de dois homens para cada mulher, "bons e saudáveis, e que não fossem cegos, mancos ou de pele manchada. (REDIKER, 2011, p. 43)

Em sua obra, Rediker (2011) nos mostra vários exemplos de como ao embarcar, jogar-se ao mar era uma forma de fuga do cativeiro. Da costa da Gâmbia até a chegada na Jamaica, tubarões seguiam os navios de escravos esperando por alimento. Com o passar do tempo, as embarcações passaram a ser equipados com redes de proteção. Mesmo com a iminência de ser comido por um tubarão, as pessoas continuavam a tentar se jogar. Optar pelo suicídio em oposição a ser escravizado era comum. Recusar-se a comer até perecer, infligir a si mesmo ferimentos de morte e lançar-se na água. Três formas corpóreas e individuais de resistência que contam tão somente com recursos físicos. Também há o relato de um homem que, ao ser submetido e embarcado em um navio juntamente com sua família, recusou-se a comer por dias e provocou ferimentos tão profundos em seu pescoço que precisou de atenção médica para parar os sangramentos.

Proteger a "mercadoria" que vinha do outro lado do Atlântico contava com severas complicações. A forma de preparação do alimento e o uso de instrumentos para forçar goela abaixo uma ração diária de água e comida está registrado, bem como a contenção de membros para impedir autoagressões. Perder por completo a autonomia sobre o próprio corpo implicava em ser forçado a continuar vivo, ao menos até ser vendido, e aí se tornar problema de outra pessoa, dessa forma, o navio negreiro era um *link* na corrente da escravatura. Como explica Browne (2015), nas práticas de vigilância e controle dentro do navio negreiro, na marcação em brasa, na definição de espaços, nas violência, reafirma-se a raça como elemento de marcação.

Diante dessas práticas de vigilância que racializa e desumaniza para impor aos sequestrados, existia também insurreições, levantes no convés do navio negreiro, transformando essa embarcação em um palco de guerra. Forma coletiva de defesa, a tentativa de tomada dos navios pelos escravizados foi frequente, sendo documentadas tomadas de armas e mortes de tripulantes. Se algo se logrou nesse sentido, as memórias relatadas ainda se limitam à tripulação e seus capitães.

Ao aportar em terra estrangeira, as formas de vigilância e controle se traduziam na pele marcada a ferro em brasa, agora com os senhores de escravos que marcavam os africanos sequestrados com suas iniciais (BROWNE, 2015). Determinando assim a propriedade de um escravizado através da demarcação biométrica, enquanto o contém em correntes e o transporta em comboios. A submissão escravista esteve intrinsecamente ligada às marcas de sua produção, da seleção como mercadoria, captura como presa, marcação como posse e transmissão por meio de títulos dessa posse.

Browne relata que nos Estados Unidos, pessoas negras de passagem a partir de certa hora deveriam levar consigo velas acesas a fim de sempre serem identificadas, bem como estarem acompanhadas de uma pessoa branca, que tinha liberdade de trânsito (BROWNE, 2015). A descrição de pessoas fugidas nos anúncios da época contava com descrições de traços físicos, roupas que poderiam ser utilizadas, idiomas falados pelo cativo, bem como em determinadas situações se descrevia seu comportamento: rolar os olhos ou se impor de forma lida como arrogante.

A resistência a esse severo processo de desumanização se deu em muitas frentes: nas tentativas de fuga, respondidas com punições físicas e formas de contenção mais violentas, na negação a viver sem liberdade, respondida com alimentação forçada e cerceamento de movimentos, nas insurreições ainda no interior dos navios, que levava a castigos que poderiam chegar à morte. Ao entrar em contato com a economia escravista no novo continente e passar a dela fazer parte, a resistência continua na fuga e conversão dos conhecimentos adquiridos para a senda na lavoura em trabalho de reprodução da comunalidade do quilombo.

Moura define que o processo de conformação de um Quilombo parte da subversão de uma lógica escravista em detrimento da manutenção do coletivo. Fugir aqui não tem o status de resistência individual, guardando no ato o desejo pela liberdade que só se daria na segurança de uma comunidade. Nesse sentido, o Quilombo se traduziria em uma sociedade alternativa ou paralela de trabalho livre (MOURA, 2021), uma pedra encravada na espinha dorsal do sistema colonial, pois era sua negação. Se o Racismo se conformou em afirmar a preguiça e a inércia de uma população, os quilombos espalhados pelo território brasileiro e todo o trabalho envolvido em sua reprodução esteve ali para demarcar o que seria parte de seu produto sem perseguições e sabotagens do sistema central. O negro cativo empreende fuga e busca um território seguro, se organiza em comunidade, e na qualidade de homem livre trabalha para o coletivo, por vezes produzindo os mesmos gêneros alimentícios que no engenho, mas dessa vez buscando alimentar a todos.

O processo de ressignificação das marcas da escravatura é encontrado, cá como lá, compondo uma alternativa de enfrentamento em coletivo e de negação de um sistema que negava a seus cativos o status de humanos, e a construção de um caminho que se apoia nessas bases para demonstrar um caminho livre e coletivo leva a concluir o já afirmado: somos sementes...

Vigilância racial, quilombagem como um continuum revolucionário e dark sousveillance: Diálogo afrodiaspórico entre Clóvis Moura e Simone Browne

Clóvis Moura utilizou o materialismo histórico-dialético para analisar o sistema escravocrata e percebeu nele um modo de produção específico, com seu próprio antagonismo central: a luta entre a classe senhorial e a classe dos escravos. Nesse sentido, o autor colocou o negro não como um objeto sofredor de violências, resumindo sua condição a de uma vítima passiva dos horrores da escravatura, mas como sujeito histórico ativo. Em face a um sistema econômico, no qual seu corpo e seu trabalho eram explorados até a última gota de suor, sangue e carne viva, o povo negro foi um agente de resistência em face ao senhor através de muitas estratégias e práticas, em especial revoltas, fugas e a formação dos quilombos (MOURA, 1988).

Nesse contexto, as práticas de vigilância têm como principal objetivo a manutenção da estrutura escravocrata e o controle da classe de senhores sobre a dos escravos. Assim, se investigarmos a obra de Clóvis Moura, buscando encontrar o uso de tecnologias, veremos em primeiro lugar seu uso como forma de controle para espoliação das pessoas negras escravizadas. É interessante apontar que para Moura o racismo é um instrumento de dominação, que permite que setores dominantes promovam superexploração, invasões colonialistas, hierarquias econômicas seja entre países centrais em face das periferias do capitalismo ou mesmo das elites de países com passado/presente colonial sobre as populações locais. Podemos conectar o modo como o sociólogo trabalha o racismo como instrumento ideológico-político com a visão de Ruha Benjamim segundo a qual a raça é um artefato tecnológico para promoção de exploração, espoliação e dominação:

> Raça como tecnologia; isso é um convite a considerarmos racismo em relação com outras formas de dominação não só como uma ideologia ou história, mas como um conjunto de tecnologias que geram padrões de relações sociais, e essas são colocadas em uma caixa preta como naturais, inevitáveis e automáticas. Dessa forma, esse também é um convite para recusar a ilusão da inevitabilidade na qual as tecnologias de raça se tornam envolvidas e potencializar formas mais habitáveis de organização social no processo. (BENJAMIN, 2019, n.p.)

Nessas articulações entre as contemporâneas Benjamim e Browne com a compreensão de Clóvis Moura sobre a questão racial como estruturante das relações na sociedade brasileiras, podemos entender que o racismo e a raça são verdadeiros algoritmos que programam todo o universo tecnológico da sociedade e nesse sentido, os aparatos de controle e repressão. Com isso, os aparatos de vigilância construídos pelos senhores de escravos ou pertencentes à própria burocracia colonial/estatal, tinham como objetivo a manutenção do modo de produção escravista – nos termos de Moura – mas também, de manter constantemente a lógica de racialização que retroalimenta a ideologia de inferioridade central da escravatura. É o que Browne (2015) descreve como *racializing surveillance* (vigilância racializadora), um modo como práticas de monitoramento e observação reafirmam fronteiras raciais e produzem o signo da "raça" como elemento determinador de vida e morte; exploração e liberdade; sofrimento e prazer.

Um exemplo disso são os telégrafos e sua utilização durante a escravatura. Escrevemos sobre essa questão em artigo anterior quando tratamos do navio negreiro como um paradigma da vigilância na Modernidade em contraponto com panóptico (MONTEIRO, SALOMÃO, 2020). Os telégrafos seriam uma tecnologia trazida pela Inglaterra durante o período do escravismo tardio – a decadência do modo de produção escravocrata – e utilizados para avisar autoridades sobre a entrada de embarcações ainda realizando o tráfico escravagista após a proibição. No entanto, como aponta Moura, pela lógica da modernização conservadora da sociedade brasileira, que implica na manutenção de uma sociedade aristocrática em meio ao desenvolvimento do capitalismo como modo de produção, os telégrafos também foram utilizados por senhores de escravos para comunicar autoridades policiais sobre fugas (MOURA, 1994). Aqui se funda um link no qual as tecnologias de comunicação nas mãos do Estado serão utilizadas para auxiliar na captura de pessoas negras e o contínuo processo de racialização e desumanização dessas pessoas.

Mas um dos elementos mais essenciais na obra de Clóvis Moura era sua prática de rompimento com uma leitura da escravatura que se sustentava na negação do negro como sujeito histórico. Para Moura, o negro escravizado não se resumia a um objeto alvo das ferramentas de violenta total e de vigilância constante dos senhores de escravos e da sociedade branca, mas como um ator histórico que em meio a exploração, promoveu uma série de formas de resistência. Para Moura, a luta entre uma classe que queria promover a exploração absoluta de corpos negros e de outra, de negros inconformados com essa estrutura social foi o pilar fundacional da sociedade brasileira. É na luta de classes em meio ao modo de produção escravista que a sociedade brasileira ganha suas características fundamentais.

Sendo assim, se Browne fala da constante negação da população negra em aceitar o processo de desumanização característicos das práticas de vigilância e repressão durante a escravatura, podemos traçar um diálogo com Moura e sua descrição do negro escravo como um sujeito histórico inconformado e que através do protesto luta contra o regime escravocrata. Se Browne descreve formas de *dark sousveillance* como meios de contrariar o processo constante de desumanização, Moura descreve os diferentes modos de protesto negro como um processo em que o escravo se torna quilombola: "O quilombola é o homem que adquire, pela sua posição radical, a sua liberdade" (MOURA, 2019, n.p.). Nesse sentido, em face das tecnologias que racializam e conferem ao signo do "negro" o caráter da não-humanidade, a libertação do negro de escravo para quilombola são uma expressão da constante negação dos processos de violência.

É interessante que tanto Browne quanto Moura utilizem o mesmo exemplo em relação aos modos de resistência: a marcação em brasa da letra "F" para escravos que fugiam. Para Browne, o ferro em brasa é um antecedente das tecnologias biométricas de monitoramento e servia como instrumento que marcava o corpo negro como mercadoria a partir do processo de epidermização, no qual o significante "negro" torna-se "escravo". Moura destaca o instrumento legal que obrigou essa marcação em 1731, exemplificando a potencialidade da repressão no período inicial do escravismo brasileiro. Mas para Browne a partir da leitura da obra de Orlando Patterson, a marca era ressignificada por esses negros que negavam o terror racial de forma a se tornar uma marca de orgulho. A fuga se torna um meio de invalidação dos fundamentos desumanizadores do escravismo mesmo quando o negro é recapturado.

Para Moura, a fuga é uma forma de protesto em estágio inicial no processo de libertação e da formação do sujeito quilombola. Se estamos falando de vigilância e tecnologia, a fuga é uma prática constante de hackear a arquitetura de terror e disciplinamento característico da Casa Grande. Não só no sentido físico, mas também no modo como ao se colocar a no campo da possibilidade, a fuga obriga aos detentores do poder reconhecer a capacidade de resistência e a negativa daquele sujeito ser um corpo-objeto:

> Com isto o quilombola já era o outro, ou seja, o ser que se negara como escravo e recriara uma nova galáxia existencial e social de homem livre com o qual o senhor de escravos tinha de dialogar,

> mesmo que fosse em posição radical a ela. Assim, o senhor sabia que o quilombola já lhe fugira ao controle e com isto a disciplina despótica, indispensável à ordem do sistema havia sido trincada e fragmentada. Tinha de estabelecer, portanto, uma nova linguagem para tratar com ele. Não era mais a linguagem do senhor para o escravo, mas se articulava através de categorias de oposição radical. Por seu turno, o quilombola não usava mais a linguagem unilateral de obediência, mas, pelo contrário, uma linguagem de oposição a ele: a violência. (MOURA, 2019, n.p.)

Os quilombos são descritos por Moura como uma unidade de protesto e experiência social que reconstrói os valores sociais e culturais dos escravizados. O quilombo existia em negação como um modo de protesto organizado e coletivo em resistência radical ao modo de produção escravagista e sua ideologia de desumanização. No entanto, o quilombo é antes de tudo uma unidade de negação do aparato de vigilância escravagista, no qual uma construção coletiva e organizada detectava a invasão como uma ameaça existência: "A invasão significava ameaça e negação da ordem quilombola (livre) e a restauração da escravidão" (MOURA, 2019, n.p,).

Moura descreve em muitas das suas obras as estratégias de contra vigilância exercidas em quilombos. No Quilombo de Sapucaí, em Minas Gerais, o autor aborda como os negros que acompanhavam os capitães da mata para procurar o território ludibriavam as tropas que buscavam invadir o território, hackeando a capacidade de localização geográfica dos agentes em busca de destruir o quilombo. Na República de Palmares, no qual foi construída uma força militar de defesa de número considerável, foram utilizadas tecnologias arquitetônicas de defesa como fortificações, paliçadas, plataformas e estrepes, algo que como o próprio autor destaca, também acontecia no Quilombo de Campo Grande, estendendo entre Goiás e Minas Gerais:

> O Quilombo de Campo Grande estendia-se numa superfície considerável, entre as capitanias de Minas Gerais e Goiás, e estava localizado num espaço compreendido entre rios, e certamente, pelo que depreendemos da leitura de diversos documentos e informações de historiadores, não era apenas um quilombo, mas uma série deles, interligados por diversos escalões de interesse, tendo em vista o bem comum. A segurança dos seus moradores era, incontestavelmente, um dos aspectos mais importantes e o seu sistema organizativo interno estava vinculado, como não podia deixar de ser, à segurança dos mesmos, tendo-se em mira as constantes incursões contra eles. O interesse que os unia era, sem sobra de dúvida, a defesa contra essas expedições enviadas para destruí-los. (MOURA, 1988, p. 110)

Como forma histórica, coletiva e (des)estrutural de negação do modo de produção escravista, temos então a quilombagem. Como explica Moura, esta se verifica pelo continuum dos quilombos como forma de resistência e negação do modo de produção escravista e o pilar do desgaste também continuum desse sistema de existência social: (...) a sua existência e a sua permanência no tempo, a sua imanência contínua constituiu um processo social o qual, atuando no centro da contradição fundamental do sistema escravista desarticulou a sua estabilidade e o desempenho econômico do seu projeto (MOURA, 2019, n.p.). Se o racismo, a raça e o terror foram códigos estruturadores da sociedade fundada na subjugação de pessoas negras, a quilombagem pode ser descrita como um meio tecnológico de desconstrução desse organismo ideológico e científico.

No entanto, conforme descreve o próprio Moura, em face da brava resistência dos quilombos, o próprio Estado Brasileiro arquitetou um aparato policial e carcerário para reprimir e manter a subjugação racial. Exemplificando isso, podemos citar a socióloga baiana Vilma Reis (2005, p. 107) que localiza historicamente a fundação da Polícia Militar da Bahia com a função de combate a formação de quilombos no território baiano em 1825. Como explica Ana Flauzina (2006), o sistema penal brasileiro é arquitetado para a manutenção das hierarquias raciais fundadas com a escravatura, com o genocídio da população negra como elemento fundante do Estrado Brasileiro e essencial para a manutenção do modo de produção capitalista no país. Nesse sentido, assim como novas formas de exploração e de repressão surgem, o mesmo acontece com a vigilância e seus artefatos.

Em face do terror racial atualizado tecnologicamente: Considerações para um amanhã

O amanhã surge no horizonte com a sombra de novas tecnologias que possibilitam a atualização do terror racial vivido pela população, sobretudo pelas mãos do Estado Brasileiro na forma dos agentes policiais. Com o surgimento de novas tecnologias, como o *Big Data*, técnicas insidiosas de monitoramento como reconhecimento facial e policiamento preditivo, a capacidade das elites e das agências estatais de promover a subjugação racial são potencializadas ainda que a Constituição Cidadã afirme igualdade e cidadania. O racismo, esse denominado instrumento de dominação insidioso, estrutura a produção e a utilização de novas tecnologias de forma ao contrário de promover mais igualdade ou segurança, elas potencializam as clivagens raciais que o tráfico negreiro e a escravatura deram origem.

Se antes nós tínhamos o uso combinado entre telégrafos, descrições físicas e a ação dos policiais para a captura daqueles que buscavam através da fuga estar fora do alcance da vigilância, hoje, sistemas de reconhecimento facial coligados com grandes bancos de imagens de pessoas que podem ser capturadas e liberdade restrita funcionam no seu lugar. É o exemplo da Bahia, no qual o sistema de reconhecimento facial utilizado pela polícia possibilitou o número declarado de 214 prisões entre novembro de 2018 e agosto de 2021. Em relatório realizado pela Rede Observatório da Segurança Pública no ano de 2019, mais de 90% das prisões realizadas naquele ano com uso de reconhecimento facial no Brasil foram de pessoas negras (NUNES, 2019). Intelectuais e ativistas questionam o uso da tecnologia, apontando que em razão de vieses raciais/de gênero/idade/identidade de gênero, o reconhecimento facial leva a verdadeiros danos para pessoas negras, mulheres, idosos e transsexuais/travestis – em especial no seu uso na segurança pública e no controle imigratório. Ao mesmo tempo, por estarem livres do escrutínio e da violência do monitoramento, a tecnologia reafirma privilégios e acessos dos detentores do poder: o homem branco cisheteronormativo.

Outras tecnologias que avançam sobre o país são os usos de técnicas de policiamento preditivo no qual softwares são utilizados pelas agências policiais utilizando dados históricos dessas instituições para direcionar patrulhas, apontando para zonas de maior criminalidade. Autoras como Jackie Wang (2018), V. Marda e S. Narayan (2020) já apontaram como ao utilizar os dados dessas instituições, essas tecnologias simplesmente reafirmam as violências fundadas sob o signo da raça e na manutenção da exploração de classe, já que os dados utilizados estão carregados das práticas de terror racial e a defesa da propriedade privada e do modelo capitalista. O policiamento preditivo reafirma o horror da escravatura ao, através de códigos, algoritmos e alertas, direcionar as forças policiais para atuar nos mesmos espaços de sempre e com a mesma lógica de brutalidade. Em 2020, a Polícia Civil do Rio Janeiro estabeleceu contratos ativos com a empresa Oracle que fornece técnicas de policiamento preditivo, mas não informou quais seriam os serviços obtidos (DIAS & HIVSTENDAHL, 2021).

Por outro lado, diante da atualização continua desses aparatos, também há processos de resistência que afirmam como a tradição da Quilombagem permanece viva em face de instrumentos de reafirmação da subjugação racial. Em 03 de Abril de 2021, a Rede de Proteção e

Resistência Contra o Genocídio realizou uma intervenção na comunidade Favela do Amor, em Santo André (SP), acompanhando a instalação de câmeras em locais estratégicos com objetivo de proteger o território das ações violentas da polícia. De forma parecida, o movimento A Craco Resiste tem realizado desde dezembro de 2020, monitoramento na região da Cracolândia, registrando e coletando vídeos que expõem violências e abusos cometidos pela Guarda Civil Metropolitana. Essas são algumas das estratégias tecnológicas de contra vigilância que em face à máquina estatal de produzir violência e morte, mostram que o espírito da quilombagem ainda persiste.

Neste trabalho, buscamos compatibilizar visões sobre o novo e o antigo no que se refere a tecnologias de controle sobre corpos negros e as ações que se conformaram, a nível de contra vigilância, como estratégias de defesa histórica da população negra. A Quilombagem se faz necessária hoje como em Palmares na articulação dos povos em diáspora, que apesar das sucessivas tentativas de extermínio, não se resignam. Com esse mote, buscamos na descrição desses instrumentos estratégicos, bem como no cruzamento entre a *Dark Sousveillance* e a Quilombagem, enfatizar a necessidade da organização coletiva e a formação de uma visão crítica pela população negra - com especial olhar para a juventude, alvo principal das ações de extermínio – sobre as ações e tecnologias que vêm em sua direção, a fim de anular suas vontades e eliminar possibilidades da vida plena.

Referências Bibliográficas:

BENJAMIN, Ruha. **Race After Technology: Abolitionist Tools for the New Jim Code**. Polity Press, Cambridge, 2019. Versão digital não paginada.

BROWNE, S. **Dark matters: on the surveillance of blackness**. 2015. ed. Durham; London: Duke University Press, 2015. v. 1

DIAS, Tatiana, HVISTENDAHL, Mara. **Polícia do Rio comprou tecnologia da Oracle utilizada por países autoritários**. In: The Intercept Brasil, 10 de Março de 2021. Disponível em:< https://theintercept.com/2021/03/10/policia-rio-tecnologia--oracle-policias-paises-autoritarios/> Acesso em: 30 Agosto 2021.

FLAUZINA, A. L. P. **Corpo negro caido no chão: o sistema penal e o projeto genocida do Estado Brasileiro**. Dissertação submetida à Universidade de Brasília, para obtenção do título de Mestre em Direito, p. 145, 2006.

GOMES, Laurentino. **Escravidão–Vol. 1: Do primeiro leilão de cativos em Portugal até a morte de Zumbi dos Palmares**. Globo Livros, 2019.

MARDA, V., NARAYAN, S. **Data in New Delhi's Predictive Policing System**, FAT* '20: Proceedings of the 2020 Conference on Fairness, Accountability, and Transparency, January 2020.

MOURA, Clóvis. **A quilombagem como expressão de protesto radical. In: Movimento Revista**, 20 de Novembro de 2019. Disponível em: https://movimentorevista.com.br/2019/11/a-quilombagem-como-expressao-de-protestoradical> Acesso em: 05 de Abril de 2021.

MOURA, Clóvis. **Rebeliões da Senzala: Quilombos, Insurreições, Guerrilhas**. Mercado Aberto, Porto Alegre, 1988.

MOURA, Clóvis. **Sociologia do Negro Brasileiro**, Editora Perspectiva, São Paulo, 2020.

NUNES, Pablo. **Exclusivo: Levantamento revela que 90,5% dos presos por monitoramento facial no Brasil são negros**. Intercept Brasil. 21 de Novembro de 2019. Disponível em:< https://theintercept.com/2019/11/21/presos-monitoramento-facial-brasil-negros/> Acesso em: 09 Dez. 2020.

REDIKER, Marcus. **O navio negreiro: uma história humana**. 2011. São Paulo: Editora Companhia das Letras, 2011.

REIS, Vilma M. dos S.. **Atucaiados pelo Estado: as políticas de segurança pública implementadas nos bairros populares de Salvador e suas representações**, 1991 – 2001. Dissertação (Mestrado em Sociologia) – Pós-Graduação em Ciências Sociais, Universidade Federal da Bahia – UFBa, Salvador: 2005

SALOMÃO, Elizandra, MONTEIRO, P.D.C. **O slave ship como paradigma de análise dos aparatos de vigilância no genocídio antinegro pelo estado brasileiro**. In: Anais do IV Congresso de Pesquisas em Ciências Criminais, de 21 a 23 de outubro de 2020, São Paulo, SP [recurso eletrônico] / Organizado por Dina Alves. – São Paulo: IBCCRIM, 2020.

WANG, Jackie. **"This Is A Story About Nerds and Cops": PredPol and Algorithmic Policing**. In: Carceral Capitalism Semiotext (E) Intervention Series, Pasadena, 2018.

Capítulo 06

Catharinna Marques

Catharinna Marques é graduada em Ciências Sociais (Licenciatura) pela Universidade Federal Fluminense (UFF), tem especialização em Educação das Relações Étnico-Raciais no Ensino Básico pelo Colégio Pedro II. Atualmente é mestranda na linha de pesquisa Estéticas e Tecnologias da Comunicação pelo Programa de Pós-Graduação em Comunicação da Universidade Federal Fluminense (PPGCOM/UFF). Em 2022 realizou mobilidade acadêmica pelo "International Study and Training Partnerships" (ISAP) no departamento de "Global South Studies" da Eberhard Karls Universität Tübingen (Alemanha), foi bolsista pelo Deutscher Akademischer Austauschdienst (DAAD) e pela reitoria da universidade supracitada. Faz parte do corpo editorial de fluxo da Revista Contracampo (Qualis B1- UFF). É integrante do Laboratório de Identidades Digitais e Diversidade (LIDD/UFRJ) e do grupo de pesquisa Mídias Digitais, Identidade e Comunicação (MiDICom/UFF).

Cida Bento e Iray Carone: Entre os Pactos e os Silêncios das Performances da Branquitude nas Redes Sociais

Catharinna Marques

Em um contexto mundial marcado pela pandemia do Coronavírus, manifestações contrárias às injustiças sociais ganharam uma nova perspectiva. Desigualdades históricas, políticas, sociais, econômicas e raciais foram agravadas pela crise sanitária que afeta também outras dimensões da realidade. Em 2020, a esfera pública contou com uma maior notoriedade de mobilizações populares nas mídias sociais e nas ruas, que pautavam a construção de uma sociedade mais justa e democrática. Uma das frases que mais foi citada em meio à protestos contra a violência policial e o racismo é da ativista estadunidense Angela Davis, ao apontar durante um discurso no ano de 1979, em Oakland, que: “Em uma sociedade racista, não é suficiente não ser racista, nós devemos ser antirracistas”.

Nesse sentido, o foco deste artigo será promover uma reflexão acerca do ativismo antirracista em contexto brasileiro, debruçando-se nas apresentações de si dos sujeitos brancos enquanto engajados no combate ao racismo no ambiente digital, problematizando práticas sociais à luz dos apontamentos de Maria Aparecida Silva Bento e Iray Carone. Afinal, quais seriam os complexos caminhos para ser antirracista e seus significados em disputa? Como os sujeitos brancos mostram-se aliados às lutas dos movimentos negros no ciberespaço? De que maneira se sustenta a ideia de não-nomeação da branquitude em plataformas de redes sociais? Desse modo, propõe-se aqui um diálogo entre os estudos sobre branquitude e seus desdobramentos na área de tecnologia, investigando as dinâmicas de interações sociais no âmbito da Cultura Digital.

É necessário ressaltar, que a abordagem desenvolvida por Cida Bento e Iray Carone possui caráter psicossocial, considerando que a problematização acerca das relações étnico-raciais tem embasamento na formação social brasileira, suas instituições e os processos de subjetivação dos indivíduos, isto é, como eles constroem identidades, mobilizando os sentidos dispostos no mundo e de que modo são percebidos pela coletividade social. Assim, críticas são feitas às esferas políticas, econômicas, institucionais, culturais e aos imaginários sociais, que sistematizam vantagens materiais, simbólicas e estruturais à determinados grupos sociais e raciais em detrimento de outros. As dimensões da vida cotidiana e os aspectos institucionais que sustentam o racismo serão analisados a fim de explorar o estatuto de universalidade que a identidade racial branca adquire (BENTO, 2002; BENTO, 2016; CARONE, 2016).

Em contraposição a ideia do racismo enquanto um aspecto individual, vinculado à moralidade e comportamentos isolados de sujeitos ou de pequenos grupos, é crucial que a sua concepção estrutural e estruturante seja ressaltada, uma vez que a natureza política do racismo é operante como ordenadora da lógica que cria e realiza a manutenção de opressões e marginalizações. Logo, afastando-se do senso comum, o racismo enquanto um fenômeno social, histórico e político evidencia a materialização concreta e ideológica imperantes nas desigualdades sociorraciais. O racismo é a norma, tecnologia de poder e não um caso pontual (ALMEIDA, 2018). Dessa forma:

> É no interior das regras institucionais que os indivíduos tornam-se sujeitos, visto que suas ações e seus comportamentos são inseridos em um conjunto de significados previamente estabelecidos pela estrutura social. Assim, as instituições moldam o comportamento humano, tanto do ponto de vista das decisões e do cálculo racional, como dos sentimentos e preferências (ALMEIDA, 2018, p. 30).

As intelectuais aqui estudadas apontam para uma discussão que tensiona os padrões da Psicologia tida como canônica, pois para elas a questão racial brasileira não foi explorada em complexidade, ou melhor, foi invisibilizada. Há uma lacuna na área que contemple os efeitos psíquicos e as consequências do racismo entre aqueles que sofrem as discriminações e entre aqueles que as praticam no Brasil. Destaca-se a atuação de Iray Carone na pesquisa "A força psicológica do legado social do branqueamento - um estudo sobre a negritude em São Paulo" realizada com outros pesquisadores, com início em 1992 e finalizada em 1996. Além disso, a carreira acadêmica da intelectual é vinculada ao Instituto de Psicologia da Universidade de São Paulo, uma vez que se dedicou às temáticas sobre os processos de miscigenação, embranquecimento e as influências na construção de identidades nacionais e individuais nesse contexto (BENTO, 2016; CARONE, 2016).

O projeto político-ideológico de nação brasileira executado entre o século XIX e meados do XX, baseado no ideal do branqueamento da população, trazia como estratégia a disseminação de referenciais dominantes brancos como ser humano universal. Ao passo que a vida cotidiana era marcada pela discriminação da população negra e dos povos indígenas sistematicamente, os quais ainda hoje são relegados a interiorizar perspectivas que subjugam e desumanizam suas práticas, saberes e formas de organizações sociais de modo estrutural. Cabendo ressaltar, que tais pensamentos são imperantes, mas que adquirem outras roupagens.

A pesquisa desenvolvida por Iray Carone nos anos 90 - que em parceria com a Organização das Nações Unidas para a Educação, a Ciência e a Cultura (UNESCO) buscou investigar as dinâmicas raciais no Brasil - traz como pano de fundo as discussões levantadas pela Escola Paulista de Sociologia da Universidade de São Paulo (USP) - composta por sociólogos de grande envergadura como Florestan Fernandes, Octavio Ianni, Fernando Henrique Cardoso, entre outros, que desde a década de 40 já pesquisavam desigualdades sociais com enfoque na questão racial e da exclusão social (BENTO, 2016; CARONE, 2016).

Porém, ainda que tenham desempenhado papel importante para questionar os legados da escravidão para os negros e o cenário de violência que esse segmento se encontra inserido, há uma perspectiva que naturaliza o branco enquanto não detentor de uma identidade racial branca. Dessa forma, "não podemos chamar de omissão o papel da elite branca de "virar as costas ao negro", tendo em vista que ela virou as costas sim, mas sem deixar de carregar consigo toda a riqueza produzida em quase quatro séculos de trabalho escravo" (BENTO, 2016, p. 54).

Mediante a isso, o entendimento sobre performances da branquitude, será aqui tomado no processo de construção do "self" em plataformas de redes sociais em cenários de ativismo. Mais adiante, será analisado o deslocamento do lugar do negro somente como objeto de pesquisa. Conforme alguns apontamentos já realizados, para abordar a profundidade teórica acerca das relações étnico-raciais no Brasil, faz-se necessário investigar o papel social dos sujeitos brancos na dinâmica do racismo estrutural. Assim, nessa trajetória os processos de socialização via interiorização baseados no ideal do branqueamento investigados pelas autoras serão desnudados em articulação aos usos das tecnologias digitais, visando desse modo a compreensão de pactos e silêncios que insistem em ecoar.

Identidades brancas: a relação entre o "Eu x Outro", poder e dominação

> "A identidade, tal como a diferença, é uma relação social. Isso significa que sua definição - discursiva e linguística - está sujeita a vetores de força, a relações de poder. Elas não são simplesmente definidas; elas são impostas" (SILVA, 2014, p. 81).

A identidade carrega historicidade, os sujeitos falam a partir de um lugar cultural marcado por inúmeros processos de "tornar-se", possibilitando desse modo inúmeras manutenções. Os sentidos, assim, são produzidos dentro da vida social, tanto de nível material quanto simbólico e estão em disputas.

Embora não tenham pensamentos homogêneos, as pessoas negras são constantemente interpeladas pelo "peso da raça", isto é, são destituídas de vontades, identidades individuais e valores próprios, sendo reduzidas ao grupo racial como um bloco monolítico. Assim, os sentidos políticos, históricos e sociais que venham a conferir os imaginários e representações de ordem social, em tese, poderiam configurar o que é ser negro no Brasil, colaborando com tal apagamento. Nesse sentido, as contradições e diversidades de sujeitos negros são mobilizadas em uma lógica de dominação e discriminação, sendo utilizadas estrategicamente pelas classes dominantes em benefício próprio para manutenção de poder e privilégios. Lia Vainer Schucman (2014) também aponta a ausência de estudos no escopo da Psicologia que tratem indivíduos brancos como racializados e argumenta que ser branco também é relacional e não essencialmente a norma, uma vez que:

> Branco: Cor, raça, grupo, cultura? Afinal, o que é ser branco no Brasil contemporâneo? Definir o que é branquitude, e quem são os sujeitos que ocupam lugares sociais e subjetivos da branquitude é o nó conceitual que está no bojo dos estudos contemporâneos sobre identidade racial branca. Isso porque, nesta definição, as categorias sociológicas de etnia, cor, cultura, raça se entrecruzam, colam e se descolam umas das outras, dependendo do país, região, história, interesses políticos e época investigados. Ser branco, ou seja, ocupar o lugar simbólico de branquitude, não é algo estabelecido por questões genéticas, mas sobretudo por posições e lugares sociais que os sujeitos ocupam (SCHUCMAN, 2014, p.84).

A concepção de branquitude, isto é, o lugar social, estrutural e cultural que sujeitos brancos ocupam em certa conjuntura, simboliza toda uma gama de poder e vantagens que além de materiais também são simbólicas, atuantes no campo das subjetividades, afetando comportamentos e convenções sociais. Identidade positiva, aptidões, parâmetro estético, moral, intelectual e cultural são alguns dos pontos que sustentam a neutralidade racial, do inglês *colorblindness*, ou seja, uma forma de imputar as distinções de grupos humanos de maneira a hierarquizá-los sem levar em consideração suas especificidades, consolidando a supremacia branca em comparação aos grupos minoritários e contribuindo por discriminações que funcionam sob o imperativo da não existência de raça e racismo em uma "democracia racial", como no cenário brasileiro (ALMEIDA, 2018; SCHUCMAN, 2014).

Um fator importante é apontado por Lourenço Cardoso (2010) ao defender a distinção entre os termos branquitude crítica e acrítica, pois de acordo com o autor, a branquitude também seria diversa. Desse modo, a primeira pode ser brevemente caracterizada por condenar o sistema escravocrata e acontecimentos históricos racistas. Já a outra, é marcada pelas ideologias de extrema-direita de grupos supremacistas brancos, que enxergam o "Outro" como ser inferior, algo a ser exterminado e buscam justificar todo o aparato de exploração racial.

Nesse sentido, as noções de branquitude crítica e acrítica formuladas pelo pensador nos auxiliam a perceber a complexidade dos significados em torno da identidade racial branca, que é mutável e deve ser interpretada em determinados cenários analíticos locais e globais, que embora distintos se estreitam nas lógicas dominantes. Vale dizer, que Lourenço Cardoso se embasa nos *critical whiteness studies* (estudos críticos sobre a branquitude) - que tem como berço os Estados Unidos e surgem na década de 1990 - para investigar diferentes concepções de racismo e seus conflitos na realidade social (CARDOSO, 2010). Isto posto, em consonância ao trabalho desempenhado por Maria Aparecida Silva Bento e Iray Carone, a ótica subjetiva, que é intrínseca ao funcionamento das relações étnico-raciais, mostra-se crucial para compreender as nuances das desigualdades raciais brasileiras que a priori não são perceptíveis, mas que:

> Na verdade, quando se estuda o branqueamento constata-se que foi um processo inventado e mantido pela elite branca brasileira, embora apontado por essa mesma elite como um problema do negro brasileiro. Considerando (ou quiçá inventando) seu grupo como padrão de referência de toda uma espécie, a elite fez uma apropriação simbólica crucial que vem fortalecendo a autoestima e o autoconceito do grupo branco em detrimento dos demais, e essa apropriação acaba legitimando sua supremacia econômica,

> política e social. O outro lado dessa moeda é o investimento na construção de um imaginário extremamente negativo sobre o negro, que solapa sua identidade racial, danifica sua autoestima, culpa-o pela discriminação que sofre e, por fim, justifica as desigualdades raciais (BENTO, 2016, p. 28-29).

Ao lado das Griots estudadas nesse trabalho, deve-se ressaltar muitos dos intelectuais que pavimentaram os estudos sobre a branquitude no Brasil, começando pelo sociólogo Alberto Guerreiro Ramos com "A patologia social do branco brasileiro" (1957); Edith Piza em "Branco no Brasil? Ninguém sabe, ninguém viu"(2000) e "Porta de vidro: entrada para a branquitude" (2002); César Rossatto e Verônica Gesser com "A experiência da branquitude diante de conflitos raciais: estudos de realidades brasileiras e estadunidenses" (2001); Liv Sovik com "Aqui ninguém é branco: hegemonia e mídia no Brasil" (2004), *"We are Family: Whiteness in the brazilian media"* (2004) e "Por que tenho razão: branquitude, estudos culturais, e a vontade da verdade acadêmica" (2005); e as contribuições de Lúcio Otávio Alves Oliveira em "Expressões de vivência da dimensão racial de pessoas brancas: representações de branquitude de indivíduos brancos" (2007), entre muitos outros (CARDOSO, 2010). Assim, ainda vale ressaltar os escritos mais contemporâneos de Lia Vainer Schucman como "Entre o "encardido", o "branco" e o "branquíssimo": Raça, hierarquia e poder na construção da branquitude paulistana" (2012) e a tese de doutorado de Lourenço Cardoso, intitulada como "O branco ante a rebeldia do desejo: um estudo sobre a branquitude no Brasil" (2014).

Por esse viés, os inúmeros trabalhos acima mencionados expõem que a branquitude vem sendo investigada há tempos, colaborando dessa maneira para que o modus operandi seja tensionado. A falta de racialização de pessoas brancas é uma questão a ser explorada quando o assunto é voltado para o racismo no Brasil com diferentes focos analíticos. Ao trazer à tona os empecilhos para os avanços na luta antirracista, o silenciamento sobre a perpetuação de estruturas de opressão que executam a atualização de privilégios, alianças e pactos narcísicos, que se autopreservam, mostra-se fundamental para manifestar que tais perspectivas continuam operantes via práticas da sociedade e de instituições sociais (BENTO, 2002; CARREIRA, 2018).

Psicologia social e branquitude: operando no inconsciente

Ao provocar o campo da Psicologia brasileira, Cida Bento e Iray Carone explicitam os impactos das desigualdades sociorraciais e os desdobramentos na constituição da psique não apenas dos sujeitos negros, mas sobretudo, influenciando a concepção que os brancos têm de si e daqueles que são os seus diferentes. As políticas de embranquecimento disseminadas pelo Estado logo após a abolição da escravidão são essenciais para descortinar o mito da democracia racial difundido por Gilberto Freyre e as ideias de meritocracia. As escolas de Medicina e de Direito têm papel social e científico imperantes para os processos de desumanização, exploração e criminalização de corpos não-brancos. Assim, "no Brasil, a ideologia do racismo científico foi substituída a partir dos anos 1930 pela ideologia da democracia racial, que consiste em afirmar a miscigenação como uma das características básicas de identidade nacional" (ALMEIDA, 2018, p. 140).

O embranquecimento enquanto um projeto político é alvo das investigações de Cida Bento (2002). A autora em sua tese de doutorado intitulada "Pactos narcísicos no racismo: branquitude e poder nas organizações empresariais e no poder público" descortina as estruturas de privilégios que o grupo social branco detém em diferentes âmbitos. Desse modo, frisa-se como as instituições sociais e as relações de trabalho são atravessadas pelo poder simbólico e material que as classes dominantes são detentoras, e que consciente e inconscientemente lançam-se de mecanismos de autopreservação entre seus semelhantes.

Dessa forma, ao analisar práticas discursivas de gestores de recursos humanos, Bento (2002) salienta sua percepção acerca do silenciamento e das omissões que não articulam o lugar que sujeitos brancos ocupam como vinculados às dinâmicas que alimentam e retroalimentam desigualdades estruturais e estruturantes. Logo, "a falta de reflexão sobre o papel do branco nas desigualdades raciais é uma forma de reiterar persistentemente que as desigualdades raciais no Brasil constituem um problema exclusivamente do negro, pois só ele é estudado, dissecado, problematizado" (BENTO, 2016, p. 29). A pensadora ainda argumenta que interações sociais no mercado de trabalho são perpassadas pela omissão da racialidade branca e responsabilização total dos sujeitos negros por sua evolução ou mau desempenho, ao passo que as atividades de trabalho como processos seletivos, casos de demissões e controle de problemas são marcados pela régua avaliativa da branquitude, sinônimo de critério positivo nas hierarquias sociais, políticas, culturais, econômicas, intelectuais e morais (BENTO,2002; BENTO, 2016).

> Evitar focalizar o branco é evitar discutir as diferentes dimensões do privilégio. Mesmo em situação de pobreza, o branco tem o privilégio simbólico da brancura, o que não é pouca coisa. Assim, tentar diluir o debate sobre raça analisando apenas a classe social é uma saída de emergência permanentemente utilizada, embora todos os mapas que comparem a situação de trabalhadores negros e brancos, nos últimos vinte anos, explicitem que entre os explorados, entre os pobres, os negros encontram um déficit muito maior em todas as dimensões da vida, na saúde, na educação, no trabalho. A pobreza tem cor, qualquer brasileiro minimamente informado foi exposto a essa afirmação, mas não é conveniente considerá-la. Assim o jargão repetitivo é que o problema limita-se à classe social. Com certeza este dado é importante, mas não é só isso (BENTO, 2002, p. 28).

As críticas que Bento (2016) tece vão de encontro à ausência de racialização das desigualdades sociais percebida nos estudos em Ciências Humanas e Sociais, que apesar de compreenderem as condições de vulnerabilidades socioeconômicas sofridas pela população negra, em análises isentavam-se de enfatizar as estruturas que geraram os legados destinados aos sujeitos brancos, ainda que a branquitude seja diversa. O foco do trabalho da pensadora não é uma abordagem individualizante e simplista, uma vez que ao explorar o grupo racial branco em suas dimensões no ambiente de organizações empresariais, observou como os sentidos compartilhados são mobilizados para que as heranças contidas nessas assimetrias de poder simbólico e material sejam ocultadas sem questionamento. O silêncio apresenta-se como elemento central para garantir o status quo, pois interesses econômicos estão à prova (BENTO, 2002; BENTO, 2016).

No que concerne aos processos psicossociais, a linha desenvolvida pela intelectual evidencia a relação dialética inserida em contextos de discriminação e exclusão social, tendo em vista que ao analisarmos as relações étnico-raciais no Brasil, o sentimento de medo e a ação de projeção ao outro aquilo que rejeita em si mesmo, expõem como os seres humanos desenvolvem ligações emocionais, ainda que inconscientes, pelos sujeitos que são seus pares, tendo em vista que:

> Esses dois processos - ter a si próprio como modelo e projetar sobre o outro as mazelas que não se é capaz de assumir, pois maculam o modelo - são processos que, sob certos aspectos, podem ser tidos como absolutamente normais no desenvolvimento das pessoas. O primeiro está associado ao narcisismo e, o segundo, à projeção. No entanto, no contexto das relações raciais eles revelam uma

> faceta mais complexa porque visam justificar, legitimar a ideia de superioridade de um grupo sobre o outro e, consequentemente, as desigualdades, a apropriação indébita de bens concretos e simbólicos, e a manutenção de privilégios (BENTO, 2016, p.34).

Baseando sua análise nas proposições de autores como Frantz Fanon, Carlos Hasenbalg, Sigmund Freud, Theodor Adorno, Max Horkheimer e, sobretudo, no trabalho de Célia Marinho de Azevedo em "Onda negra, medo branco" (1985), Cida Bento argumenta que a construção do "Outro" como degenerado e uma ameaça implica nas noções de medo, controle e assimilação do não-branco em uma lógica racista que provoca marginalização. Assim:

> Esse medo assola o Brasil no período próximo à Abolição da Escravatura. Uma enorme massa de negros libertos invade as ruas do país, e tanto eles como a elite sabiam que a condição miserável dessa massa de negros era fruto da apropriação indébita (para sermos elegantes), da violência física e simbólica durante quase quatro séculos, por parte dessa elite (BENTO, 2002, p. 39).

Então, por esse caminho que Cida Bento (2002) percorre em seu estudo, é indicado que a distorção do lugar que o branco ocupa nas relações étnico-raciais na sociedade brasileira faz parte de uma conjuntura. Ainda que não se anuncie enquanto protetora das classes dominantes e de suas articulações, em nível subjetivo desenvolve uma sólida ligação emocional entre os beneficiários diretos dessa organização social, além de possibilitar a distribuição de privilégios entre seus iguais. Logo, a própria categoria de raça dispõe da hierarquização entre os diferentes grupos sociais, que inclusive, foi amplamente difundida entre defensores de ideologias higienistas presentes na história da Psiquiatria e Psicologia brasileiras, que se fundamentavam na concepção de confinamento psíquico e carcerário das populações não-brancas.

A política de embranquecimento seria responsável pela transição da sociedade, que em sua maioria era composta por negros e indígenas, para ser caracterizada pela miscigenação, rumo à um pseudo progresso econômico, político e cultural (BENTO, 2016). Para Cida Bento, "talvez uma boa maneira de se compreender melhor a branquitude e o processo de branqueamento é entender a projeção do branco sobre o negro, nascida do medo, cercada de silêncio, fiel guardião dos privilégios" (BENTO, 2002, p.44).

Branquitude e ativismo digital: alianças e pactos narcísicos

As proposições colocadas por Denise Carreira (2018) geram inquietudes sobre o lugar de ativistas brancos no combate ao racismo, expondo que desconfortos e reflexões fazem parte do caminho para apreender as estruturas que sustentam a branquitude. Ressalta-se também que a culpa imobilizadora não se constitui como finalidade destinada às pessoas brancas, uma vez que se afasta das construções coletivas de responsabilização efetivas que se buscam desenvolver a fim de transformação social.

No ano de 2020, entre maio e julho aproximadamente, mobilizações antirracistas ganharam maior repercussão nas redes sociais e na mídia televisiva, uma vez que as ideias do movimento *Black Lives Matters* por justiça racial e social foram potencializadas frente aos casos de violência policial e de assassinatos de pessoas negras em pleno isolamento social, provocado pela pandemia de Covid-19. Dessa forma, como modo de manifestar apoio à causa, pessoas públicas, brancas e brasileiras, com milhões de seguidores aderiram aos movimentos de *"take over" (tomar conta/assumir o controle)*, iniciados por personalidades internacionais que cederam suas contas em plataformas como Twitter e Instagram para ativistas do movimento estadunidense supracitado. No Brasil, tal ação ficou conhecida pelas ocupações de perfis de celebridades por pessoas negras como ativistas, produtores de conteúdo, cantores etc. (EXTRA, 2020; NEXO, 2020). As ocupações, em tese, tinham o objetivo de dar maior visibilidade para a discussão da questão étnico-racial, com o intuito de promover postagens que contribuíssem com um início de letramento racial aos donos das contas de mídias sociais e aos seus seguidores também.

A polissemia da palavra performance pode nos levar para os mais variados cenários. Longe de ser um consenso, é principalmente vinculada ao campo da música, dança, do teatro, das artes em geral, chegando até mesmo ser utilizada para apontar o desempenho de alguém em um evento, pelo viés do senso comum. Do francês *"parfournir"*, pode ser compreendida enquanto fornecer, completar ou executar completamente. Contudo, o termo em inglês performance ganhou maior notoriedade a partir do século XVI e desde então é abordado com a significação dos dias atuais (TAYLOR, 2013). Neste trabalho, é considerada performance uma ação que gera outra ação, que é adaptável aos sujeitos envolvidos na interação social a depender do contexto social vivenciado no dia a dia, conforme os escritos de Erving Goffman (2002) e sua linguagem dramatúrgica nos ensinam. A noção de performance aqui nos auxilia a refletir como pessoas públicas, brancas, brasileiras que participaram das iniciativas de ocupações de perfis em redes sociais apresentam a si mesmos como aliados da luta de combate ao racismo.

Em referência às iniciativas de ocupação, o conceito de pactos narcísicos da branquitude pode nos fornecer um viés analítico, ainda que inicial, acerca do sujeito branco que tenta compreender a sua própria branquitude, em um movimento de fissura, como um lugar social, estrutural e cultural que goza de benefícios das desigualdades sustentadas pelos sistemas de opressão e que nesse processo se depara com contradições, que inconscientemente ainda não se enxergar como parte relacional do problema em sua devida profundidade. Haja vista que entendemos tais pactos como:

> Alianças inter-grupais entre brancos são forjadas e caracterizam-se pela ambiguidade, pela negação de um problema racial, pelo silenciamento, pela interdição de negros em espaços de poder, pelo permanente esforço de exclusão moral, afetiva, econômica, política dos negros, no universo social (BENTO,2002, p.7).

Mediante a isso, o entendimento das performances antirracistas em plataformas de redes sociais no contexto analisado nos provoca a questionar as dinâmicas de sociabilidade criadas na Cultura Digital, que ao mesmo tempo tem o poder de trazer visibilidade às narrativas secularmente silenciadas em amplas proporções. Mas, que tornam evidente que passadas as ondas de viralização de conteúdos e postagens de combate ao racismo, perdem o caráter de transformação social frente às lógicas de funcionamento dos pactos narcísicos da branquitude, que voltam a operar em sua frequência habitual no ambiente digital.

Outro ponto que requer melhor reflexão e que deve ser explorado em outras oportunidades, é o valor simbólico social carregado nas apresentações de si dos sujeitos brancos enquanto aliados da luta dos movimentos negros, uma vez que o prestígio de tal ação pode ofuscar a intencionalidade do movimento, considerando que métricas de engajamento como curtidas, comentários e compartilhamentos contribuem para o esvaziamento de pautas sociais tão caras a determinados segmentos da sociedade em que o protagonismo de uma luta política adquire uma perspectiva individual. Beatriz Polivanov e Fernanda Carrera (2019) apontam que as especificidades do ambiente digital são fatores que influenciam a construção do *self*, como os sujeitos desempenham suas apresentações de si no ciberespaço, tendo em vista que actantes não-humanos impactam consideravelmente as construções de identidades, gostos e personalidades, influenciando distintas formas de sociabilidade.

Outro ponto desenvolvido pelas autoras é baseado nas contribuições de Danah Boyd em *Why Youth Love Social Network Sites: The Role of Networked Publics in Teenage Social Life* (2008), que aponta algumas características de mídias sociais que se aproximam e possibilitam a análise crítica contrastante às interações em regime de co-presença, sendo elas: persistência, buscabilidade, replicabilidade e audiências invisíveis (POLIVANOV; CARRERA, 2019).

Ainda assim, ao explorarmos as performances da branquitude em plataformas de redes sociais, pode-se averiguar a persistência dos conteúdos que ainda estão disponíveis para acesso, possibilitando comunicação assíncrona, modificando noções de temporalidade ao permitir maior duração das interações em detrimento ao regime face a face, de caráter efêmero. A buscabilidade deixa rastros e se relaciona com a persistência do que foi produzindo, garantindo que por exemplo performances sejam questionadas acerca de sua autenticidade ao comparar com outros contextos interacionais mais antigos. Dessa forma, a noção de replicabilidade permite que novos sentidos sejam mobilizados e que "dificulta o discernimento do que é original do que é cópia". Já as audiências invisíveis apontam que "enquanto na comunicação face a face é possível detectar visualmente com quem se interage, é complicado mensurar quem é o público daquilo que se diz no ambiente mediado da comunicação digital" (POLIVANOV; CARRERA, 2019, p.82). Nesse caminho, as contradições das interações mediadas por tecnologias digitais nos provocam a pensar os significados possíveis para as relações raciais, como induzir uma investigação da efemeridade do movimento de ocupações de perfis, que teve o intuito de disseminar conhecimentos sobre questões étnico-raciais em 2020.

Considerações finais

Este trabalho buscou levantar reflexões acerca dos caminhos abertos que os estudos sobre branquitude no Brasil possibilitam em interface ao âmbito das tecnologias digitais. Referenciando intelectuais como Cida Bento e Iray Carone, os apontamentos ainda que iniciais sobre performances da branquitude em plataformas de redes sociais nos alertam que os pactos narcísicos podem ser capturados nas consideradas mais triviais interações sociais, uma vez que o ciberespaço não é um lócus isento de relações de poder, pois assimetrias e regimes de privilégios encontram outras formas de manifestações para estarem presentes ao garantir o funcionamento do status quo. Nesse sentido, as apresentações de si, em uma lógica de redes sociais tornam explícitas as disputas e as controvérsias que podem permear mobilizações em defesa da justiça social e do combate ao racismo, ao passo que ao mesmo tempo que alianças se mostram viáveis, as forças de opressão tendem a realizar um culto ao indivíduo isolado, "destituído" de marcadores sociais, uma vez que a branquitude impõe-se como norma.

Portanto, para que o racismo seja desmantelado como bem pontuado pelas griots aqui estudadas, o branco tem que reconhecer-se em sua branquitude, não assumindo uma culpa carregada de significados morais, mas que os lugares sociais, estruturais, econômicos, tecnológicos, afetivos e culturais sejam tensionados cada vez mais, possibilitando assim de fato, que regimes de autopreservação de grupos dominantes sofram grandes fissuras para que subjetividades e narrativas outras possam eclodir. Logo, foi observado que embora todo um caminho acerca das análises sobre branquitude tenha sido percorrido no Brasil, ainda há muitas vias e brechas de ação para dar continuidade aos trabalhos, sobretudo, no mundo da tecnologia.

Referências Bibliográficas:

ALMEIDA, Silvio. **O que é racismo estrutural?** Belo Horizonte (MG): Letramento, 2018.

BENTO, Maria Aparecida. **Branqueamento e branquitude no Brasil**. In: CARONE, Iray. BENTO, Maria Aparecida (Orgs.). Psicologia social do racismo: estudos sobre branquitude e branqueamento no Brasil. Petrópolis: Vozes, 2016.

BENTO, Maria Aparecida. P**actos narcísicos no racismo: branquitude e poder nas organizações empresariais e no poder público**. 2002. Tese (Doutorado em Psicologia) - Universidade de São Paulo, São Paulo, 2002.

CARONE, IRAY. **Breve histórico de uma pesquisa psicossocial sobre a questão racial brasileira**. In: CARONE, Iray. BENTO, Maria Aparecida (Orgs.). Psicologia social do racismo: estudos sobre branquitude e branqueamento no Brasil. Petrópolis: Vozes, 2016.

CARDOSO, Lourenço. **Branquitude acrítica e crítica: a supremacia racial e o**

branco anti-racista. Rev.latinoam.cienc.soc.niñez juv [online]. 2010, vol.8, n.1, pp.607-630. Disponível em: http://biblioteca.clacso.edu.ar/Colombia/alianzacindeumz/20131216065611/art.LourencoCardoso.pdf . Acesso: 15 jul 2021.

CARREIRA, Denise. **O lugar dos sujeitos brancos na luta antirracista: provocações e pautas para conversas**. In: Sur- Revista Internacional de Direitos Humanos, v.15, n.28, p. 127 - 137, dez. 2018.

EXTRA (Site). P**aulo Gustavo, Lady Gaga...Veja famosos que cederam suas redes sociais para debates sobre o racismo**. Disponível em: https://extra.globo.com/tv-e-lazer/paulo-gustavo-lady-gaga-veja-famosos-que-cederam-suas-redes-sociais-para-debates-sobre-racismo-24464509.html. Acesso em: 06 ago. 2021.

GOFFMAN, Erving. **A Representação do Eu na Vida Cotidiana**. 10. ed. Petrópolis: Vozes, 2002.

NEXO. (Site). **Vidas negras importam: o movimento das redes**. Disponível em: http://nexjor.com.br/comarte/index.php/2020/06/24/vidas-negras-importam-o-movimento-nas-redes/ . Acesso em: 04 ago. 2021

POLIVANOV, Beatriz; CARRERA, Fernanda. R**upturas performáticas em sites de redes sociais: um olhar sobre fissuras no processo de apresentação de si a partir de e para além de Goffman**. Intexto, n. 44, p. 74–98, 1 jan. 2019.

SILVA, Tomaz. **A produção social da identidade e da diferença. In: SILVA, Tomaz. Identidade e diferença: a perspectiva dos estudos culturais**. Tradução Tomaz Tadeu da Silva (Org.). 15. ed. Petrópolis, RJ: Vozes, p.73-102, 2014.

SCHUCMAN, Lia Vainer. S**im, nós somos racistas: estudo psicossocial da branquitude paulistana**. Psicologia & Sociedade, vol.26, n.1, p.83-94, 2014.

TAYLOR, Diana. **Atos de transferência**. In: TAYLOR, Diana. O arquivo e o repertório: performance e memória cultural nas Américas. Trad. Eliana Lourenço de Lima Reis. Belo Horizonte: Editora UFMG, 2013.

Capítulo 07

Thiane de Nazaré Monteiro Neves Barros
Publicitária (Universidade da Amazônia), mestra em Comunicação (Universidade Federal do Pará), cursando doutorado em Comunicação (Universidade Federal da Bahia) com pesquisa sobre ciberativismos de mulheres negras e apropriações tecnológicas na Amazônia paraense, afrorreligiosa, ativista e colaboradora de organizações dos movimentos negros e feministas.

Zélia Amador de Deus e o legado científico-tecnológico de Ananse para a luta de mulheres negras na Amazônia paraense

Thiane de Nazaré Monteiro Neves Barros

Agô? Peço aqui a licença e a competência comunicativa para neste artigo contar sobre uma uma das griôs mais importantes na luta contra o racismo no Brasil que é a professora Zélia Amador de Deus e a partir dela contar sobre a história ancestral da origem das histórias do mundo atribuídas a Kwaku Ananse.

São muitas as histórias contadas por e sobre Kwaku Ananse, a pequena aranha de características humanas, a quem os povos Fanti Ashanti - originários da região de Gana, Benin, Togo (Oeste Africano) e que compõem os povos Akan - atribuem a responsabilidade pelas histórias do mundo ou como sendo ele próprio o criador do mundo e quem convenceu Nyame a dar a chuva e a noite para os seres humanos.

Nessas muitas histórias sobre Ananse, ele assume diversas possibilidades: pode ser um rico fazendeiro, um aldeão astuto e ganancioso, queria ser herói, considerado sábio por grandes façanhas, foi juiz, mensageiro das terras das florestas às terras litorâneas (BADOE, 2006). Também considerado trapaceiro por algumas culturas por tentar enganar deuses, humanos e animais, era também uma divindade que poderia adquirir a forma que desejasse, sabia entrar e sair do perigo mesmo desarmado, desejou obter todas as histórias do mundo e transitar entre o céu e a terra com suas imensas teias de prata.

Ananse não é uma lenda, mas um baú de memórias ancestrais presente até hoje em livros, animações, *games*, jogos infanto-juvenis, em narrativas épicas, nas artes visuais, em teses e dissertações, no Twitter, no YouTube e todo tipo de disputa narrativa que busque trazer o pensamento complexo de povos africanos para a cena do mundo. É também representado nos *adinkras*, um notável sistema de escritas destes povos Akan e um dos vários sistemas de escrita africanos, que junto com os símbolos traz os itans[1] de cada um daqueles elementos[2]. Nos adinkras "ANANSE NTONTAN é o símbolo da sabedoria, esperteza,

[1] Itan é uma expressão da língua Iorubá, traduzida para o Português como "lenda" ou "mito". Prefiro dizer que Itans são histórias contadas sobre o mundo pelas perspectivas de antigos povos africanos.

criatividade e da complexidade da vida" (IPEAFRO, 2022).

Diante das versões e complexidades contadas sobre Ananse, a história que trago neste capítulo é contada pela professora Zélia Amador de Deus em sua tese de doutorado "OS HERDEIROS DE ANANSE: movimento negro, ações afirmativas, cotas para negros na Universidade", defendida em 2008, na Universidade Federal do Pará, e publicada em livro em 2019.

A professora apresenta Ananse como uma "metáfora símbolo das ações de resistência empreendidas pelos africanos seus descendentes no continente americano, particularmente no Brasil". Ela traz os fios das teias de Ananse para as ações dos seus herdeiros na luta contra o racismo. A poética usada pela professora aciona um sentido para se pensar sobre experiências de mulheres negras amazônidas na comunicação digital, na relação direta com as tecnologias e como nos formamos em redes para registrar nossas histórias e nossos saberes.

O objetivo é mostrar que nós trazemos conosco este legado e aprendemos a desenvolver nossos próprios métodos para acessar as tecnologias digitais - nem sempre honrosas, como forma de confrontar as fronteiras estabelecidas pelos interesses das Big Tech[3] aos povos amazônicos que estão às margens. E com imensas e fortes teias disputamos de forma organizada, as políticas das memórias dessas amazônias que habitamos, enfrentado as múltiplas personas e máscaras (AMADOR DE DEUS, 2008) deste antagonista que é o racismo e os diversos tipos de estigmas e invisibilidades sobre a Amazônia, sistematicamente mantidos e propagados também nas decisões digitais dessas empresas, cujas decisões quase nunca temos ciência e participação.

Então, tal qual Ananse, suas herdeiras enfrentam grandes desafios para acessar e distribuir as histórias dessas Amazônias: atendem demandas, negociam algumas regras das "mandantes das tecnologias digitais" que insistem em deixá-las à margem das decisões políticas deste campo e ditam as regras do como, quando e o quanto as pessoas podem "se apropriar" das tecnologias digitais, como acontece desde as

[2]Estes conjuntos de sistemas de escritas "contraria a noção de que o conhecimento africano se resuma apenas à oralidade. Na verdade, a grafia nasce na África com os hieróglifos egípcios e seus antecessores. Diversos outros sistemas de escrita percorrem a história africana em todo o continente." Disponível em <https://ipeafro.org.br/acoes/pesquisa/adinkra/> Acesso em 4 de dez 2022. Inclusive os adinkras podem ser vistos em muitas das construções prediais feitas por estes povos no Brasil, bem como em tecidos, madeiras, ferros, etc.

[3]Big Tech são as gigantes das tecnologias, empresas bilionárias como Google, Amazon, Meta, entre outras.

primeiras navegações científicas e extrativistas (minerais, culturais, de dados, de narrativas, etc).

O texto está construído em três momentos: 1. O baú de histórias da Anansia Amazônida, com um pouco sobre a vida desde a criança-Zélia, até a luta pelas ações afirmativas, sobretudo do sistema de cotas na UFPA, da professora Zélia Amador de Deus; 2. OS HERDEIROS DE ANANSE: movimento negro, ações afirmativas, cotas para negros na Universidade, no qual destaco alguns pontos importantes do trabalho de doutorado da professora; e 3. O legado científico-tecnológico de Anansia, onde de fato apresento a analogia entre o trabalho de professora Zélia com as experiências das herdeiras de Ananse com o ciberativismo. Nas considerações finais aponta uma proposta de seguir adiante, para não acabarmos aqui as leituras de Ananse, pois a meta é 'resistir sempre'.

O baú de histórias da Anansia Amazônida

A família Amador: Dona Francisca (avó), Seu Manoel (avó), Doralice (Mãe) e Zélia (ainda bebê), migrou de Soure, no Arquipélago do Marajó-Pará, para Belém, para que aquela criança-Zélia pudesse estudar e fugir do destino dado pelo racismo às mulheres pretas como ela: trabalhar "em casa de família". Sua avó tinha ciência de que só a educação poderia mudar aquela pré-destinação. Entrou na escola aos sete anos de idade. A criança-Zélia era estudiosa, curiosa e sagaz. Mantinha o padrão de ter sempre boas notas, era uma aluna de destaque e tirava vantagem da sua letra Z: "quando chegava a minha vez eu já tinha decorado tudo".

Apesar da quase inacessibilidade de uma universidade pública para negros, entre 1971 e 1974 cursou a Graduação em Licenciatura Plena em Língua Portuguesa na UFPA, em 1998 ingressou no Mestrado em Estudos Literários pela Universidade Federal de Minas Gerais (UFMG): "Dalcídio Jurandir: Regionalismo, Relações Raciais e de Poder, em Marajó e Três Casas e Um Rio", foi o título da dissertação, apresentada em 2001.

Ainda nos anos 1970 ingressou para o ofício do teatro e atuou no grupo Cena Aberta, um dos mais tradicionais grupos de teatro de Belém. E integrou a Frente de Ação Secundarista do Pará (criada durante a ditadura militar), viveu as ocupações, passeatas, sofreu repressão e ingressou na Ação Popular - uma organização ligada aos movimentos políticos da igreja católica. Porém, ela destaca que em nenhum destes espaços havia um debate que enfrentasse o racismo, a prioridade era sempre a classe.

Foi então que decidiu ingressar no movimento negro no final dos anos 1970. Naquela época, as ações mais comuns eram de ocupação da Assembleia Legislativa, Câmara de Vereadores, palestras em escolas, sindicatos e associações. Essas mobilizações resultaram na fundação coletiva do Centro de Estudos e Defesa do Negro no Pará (CEDENPA), em 10 agosto de 1980, como um caminho para o combate ao racismo e também para compreender a presença negra na Amazônia.

Atriz e diretora de teatro, pesquisadora, militante histórica no movimento negro no Brasil, doutora em Ciências Sociais, é Professora Emérita na Universidade Federal do Pará (2020), onde leciona desde 1978 e onde também foi diretora do Centro de Letras e Artes (1989-1993), Vice-Reitora (1993-1997), coordenou o Núcleo de Arte da UFPA (1997-2001), é cofundadora do Grupo de Estudos Afroamazônicos (GEAAM/2003). O grupo foi o primeiro Núcleo de Estudos Afro-Brasileiros (NEAB) do Norte, e também responsável pela criação da Assessoria de Diversidade Étnico-Racial da UFPA, que deu origem à Assessoria da Diversidade e Inclusão Social da UFPA (ADIS/2017). A educadora Amador presidiu a Associação Brasileira de Pesquisadores Negros (2010-2012), implantou e coordenou o Programa de Ação Afirmativa do Ministério do Desenvolvimento Agrário (2001-2003). Zélia é mulher de caminhos trilhados na luta antirracista.

Em 2003, o GEAAM deu entrada no primeiro projeto de cotas raciais da UFPA, cuja aprovação aconteceu em 2005, mas a efetiva implementação só aconteceu em 2008. Foram anos de boicote, silêncios, reuniões desmarcadas e embargos, mas ainda assim "a UFPA foi a única universidade da Região Norte a ter o sistema de cotas até que o Projeto de Lei aprovado pelo Congresso o tornasse obrigatório" (DEUS, 2020, p. 14).

Em entrevista para a historiadora Maria de Nazaré Cruz (2018), Zélia comenta que mesmo que o projeto implementado não tenha sido exatamente o que o movimento queria, a ampliação da presença negra na universidade era notória. A implementação das ações afirmativas na universidade pública passou a ser uma "trincheira de luta" para a Anansia Amazônida, mas ela sabe, como nós sabemos, que ainda há muito para tecer e muitas personas do racismo para combater.

Zélia Amador de Deus é uma griô, não só por ser uma mais velha, mas também pela sua exímia capacidade em contar histórias, daquele tipo de pessoa cuja voz nos embala e nos arremessa ao tempo de sua infância, quando sua avó dizia que ela não podia matar aranhas, porque aquela aranha podia ter mãe, e que esta mãe poderia ser uma deusa:

> Não! Não se deve matar uma aranha! Essa aranha pode ter mãe. A mãe dela pode ser uma deusa. Ela pode ser filha de Anansia:" Cresci ouvindo minha avó contar essa história. E eu pensava com meus botões: minha avó e essas histórias do Marajó... Quando que uma aranha pode ser filha de uma Deusa? Mas minha avó sempre aparecia com novas histórias de Anansia para contar. Bem que algumas vezes dava vontade de esmagar aquelas aranhinhas, as bem pequenininhas. Escondida, a minha avó nem ia saber, não ia nem desconfiar! Mas, pelo sim pelo não, era melhor não matar aranha. Essas histórias me acompanharam pela vida afora. Jamais pude esquecê-las. E mais, a recomendação de poupar as aranhas, também me acompanhou. Mais tarde compreendi que as Anansias das histórias de minha avó, derivavam do mito da Deusa Aranã, divindade da cultura Fanti-Ashanti.
>
> .....
>
> Mais tarde, também, é que tive a possibilidade de entender que a Anansia de que falava minha avó, ou melhor, as histórias de Ananse, atravessaram os mares, cruzaram o oceano atlântico e se repetem na Colômbia, na Venezuela, no Caribe e por que não, no Brasil, no Pará e terra onde nasci: na Ilha de Marajó? Na verdade, no Marajó, praticamente, não se pode matar um bichinho que seja, pois quase tudo tem mãe e por sinal, mãe brava, que a noite, pode vir tomar satisfação pela morte injusta de seu filhinho. Mais uma das quantas de minha avó. (AMADOR DE DEUS, 2008, p. 13-14).

Ou até mesmo é capaz de nos fazer ouvir a voz da avó dizendo: "Ninguém é melhor que tu!" (DEUS, 2020). A professora é uma mulher de práxis. A vida e a obra de Zélia caminham juntas, se entrelaçam, são partes iguais de um todo e Ananse faz parte desta memória afetiva de sua infância, memória herdada da avó: "Hoje sou capaz de afirmar que ela foi a griot que fez a gentileza de me doar parte da memória que carrego comigo. As histórias de Anansia são exemplos." (AMADOR DE DEUS, 2008, p. 13-15) e repassada a todas nós.

A seguir, conto um pouco de como é a estrutura da pesquisa da professora Amador, onde destaco a importância de Ananse, o foco deste capítulo, para então pincelar as equivalências da narrativa da professora com a cultura digital e os ciberativismos das herdeiras de Ananse.

Os herdeiros de Ananse: movimento negro, ações afirmativas, cotas para negros na Universidade

Em sua tese, Zélia Amador parte do itan de Ananse como uma "metáfora símbolo" para contar sobre "as ações de resistência empreendidas pelos africanos e seus descendentes no continente americano, particularmente no Brasil" e "apresenta um relato etnográfico da saga dos herdeiros da deusa Aranã em luta contra o racismo". O texto tem a estrutura narrativa de um Auto Teatral com dois personagens principais: O protagonista, que são os herdeiros de Ananse (o movimento negro no Brasil); e o Antagonista, que é o racismo. Durante toda a escrita, acompanhamos episódios importantes da saga dos herdeiros da deusa Aranã em luta contra o racismo e suas máscaras ou personas.

A professora informa que Ananse[4], a Deusa Aranã - a deusa-aranha, é uma divindade da cultura Fanti-Ashanti, é um corpo que se metamorfoseia e surge em vários lugares ao longo dos territórios Amefricanos (GONZALEZ, 1988) com o objetivo de acompanhar seus filhos, permanecer presente e povoar seus imaginários com suas teias e suas histórias. Aranã quando na forma de aranha recebe o nome de Ananse.

Mas ela assume diversas identidades: miss Nancy, Nanci, Nância, Anansia, Nanã: "nomes diversos para referir a mesma divindade capaz de tecer laços de solidariedade entre seus filhos dispersos sob o jugo de uma intensa dominação". É para se proteger do esquecimento que Ananse tece suas próprias teias, como autora da sua própria história: "mesmo frágil e velha, consegue com subterfúgios, perseverança e inteligência, tecer suas tramas e enredar mesmo os inimigos mais poderosos", ela "simboliza a possibilidade de vencer aquele que guarda todo o tesouro das histórias e transformar os herdeiros de Ananse em autores de sua própria história" (AMADOR DE DEUS, 2008, p. 19).

Amador privilegia o papel dos fios/ações do movimento negro no Brasil desde o final da década de 1970, de suas astúcias para tecer fortes teias, apesar de sua luta e força serem o tempo todo reguladas e inibidas pelo aparato discursivo do antagonista e "à medida que as ações dos herdeiros da deusa se acirram" o racismo vai trocando de máscara e "outras explicações, no plano do discurso vão sendo construídas para justificar a negação das ações de rebeldia dos herdeiros da deusa" (p. 26).

Mas os herdeiros de Ananse se mantém firmes na ação da resistência, criam suas próprias estruturas para invadir a linguagem dos brancos, como a imprensa negra que somada às irmandades, terreiros e clubes

[4]Como toda memória que atravessa séculos, Ananse tem múltiplas histórias sobre suas aventuras. Nem boa, nem má, nem vítima, nem carrasca, astuta e ingênua, sábia e estúpida, mas irrefutavelmente uma contadora de histórias e com quem podemos acarinhar nossas memórias afetivas do passado e do presente.

formam o sonho por territórios livres com "vínculos de solidariedade e pertencimento", simbolizando "a possibilidade de vencer aquele que guarda todo o tesouro das histórias e transformar os herdeiros de Ananse em autores de sua própria história" (p. 19), pois "cada fio das teias de Ananse possui grande importância no processo de luta de seus incansáveis herdeiros" (p. 178).

O que a professora elabora como fios/ações do movimento negro é para recuperar a importância de todas as ações feitas desde quando povos africanos vieram traficados para as Améfricas. Conforme esses fios/ações são acirrados, o racismo assume uma nova Persona, isto é, assume novas máscaras para "justificar a negação das ações de rebeldia dos herdeiros da deusa" (p. 26), como tem sido desvelado nos estudos sobre o racismo algorítmico (SILVA, 2022) e nos apagões sobre a internet em territórios de pessoas negras e indígenas.

A personagem antagonista, o racismo, é astuta, define Amador. Se reconfigura, se transmuta, se disfarça e se mascara, assume várias personas e tenta se articular para confundir e desqualificar a atuação dos herdeiros de Ananse, os protagonistas. O racismo quer falar sozinho, criar seus mitos e sustentar suas estruturas com estigmas, falácias e vigilâncias. A estratégia do antagonista é se colocar como vítima e criminalizar os herdeiros de Ananse. Mas de todas estas narrativas, certamente o mito da democracia racial, por meio de políticas de mestiçagem e branqueamento da população, foi o grande trunfo do Estado brasileiro, afirma Amador.

A recorrente tentativa de apagamento e de deslegitimar as revoltas realizadas em territórios negros, o racismo na ciência, as destruições dos quilombos, as leis de perturbação e vadiagem e as políticas de extermínio e segregação, são outras máscaras com as quais os movimentos negros vieram lidando ao longo dos séculos.

Essa narrativa impulsionou os fios/ações do movimento negro e destaca como exemplos importantes desde o final da década de 1970: o reconhecimento da violência racial por parte do Estado brasileiro e pela sociedade; a implementação das políticas de ações afirmativas e sistema de cotas; engajamento nas campanhas pelas eleições diretas, nas lutas sindicais e na constituinte reivindicando o racismo como crime inafiançável e imprescritível e a titulação das terras de remanescentes de quilombos; a Marcha Zumbi dos Palmares (1995); a 3ª Conferência Mundial contra o Racismo, a Discriminação Racial, a Xenofobia e Formas Correlatas de Intolerância (1997); o Dia Nacional da Consciência Negra: 20 de novembro e o Dia Nacional de Denúncia contra o Racismo: 13 de maio (1978); Criação da Fundação Cultural Palmares (1988).

Nos movimentos de tecer e retecer, de aproveitar as brechas, a professora destaca três pontos nas lutas dos herdeiros de Ananse: 1) Quando as elites pensam que já negociaram e já elaboraram acordos suficientes, vêm os herdeiros de Ananse forjando novos espaços e acordos. Algo similar às ondas do mar que aproveitam cada recuo para formar um novo ponto de partida[5]; 2) O uso da cultura como instrumento político de luta como os valores civilizatórios culturais de seus ancestrais e a criação de linguagens contemporâneas e transnacionais como o soul, o funk e hip-hop; 3) A habilidade que os herdeiros de Ananse desenvolveram de ressignificar conceitos elaborados pela branquidade[6] e utilizá-los para interpretar e analisar as contradições sociais. (AMADOR DE DEUS, 2008, p. 181 a 188).

O itan contado por Zélia Amador passou a ser um dos eixos argumentativos da minha pesquisa de doutorado que é dialogar sobre apropriação de tecnologias digitais a partir do método Ananse de ciência, tecnologia e inovação: experimentar, comprovar e aplicar técnicas para resolver a problemática em questão que eram as histórias do mundo estarem concentradas sob o domínio de um único deus, "como ter acesso a elas?" Era a questão-chave para Ananse. O próximo, e último tópico traz um primeiro exercício de destacar a territorialidade das herdeiras de Ananse e sobre como usufruímos desse legado da deusa Aranã.

O legado científico-tecnológico da Deusa Aranã

Existe um mito colonizatório de que a racionalidade pertence a apenas algumas fatias da humanidade, que inclui neste lugar apenas

---

[5]"Parafraseando a poetisa chilena Isabela Mistral, ao movimento das ondas do mar: tão perseverantes são as ondas do mar que os recuos são aproveitados e transformados em novos pontos de partida para ousar mais um avanço. Assim tem funcionado a luta dos herdeiros de Ananse. Cada recuo é a pausa que se faz necessária para que se introduzam novos acordes na composição melódica que se constrói, cotidianamente, e que tem servido de música de fundo da 'longa travessia' dos herdeiros da deusa." (AMADOR DE DEUS, 2008, p. 121)

[6]Zélia Amador de Deus usa o termo "branquidade" ao invés de "branquitude" e explica o motivo: "O que distingue a branquidade, da negritude, é o fato da negritude se constituir um processo político de tomada de consciência de pertencer a uma raça que foi submetida à opressão colonial eurocêntrica. Enquanto que a branquidade, não é um processo de luta, mas um valor hegemônico que confere supremacia aos brancos. Valor que se mantém muito mais pelo silêncio que encobre uma memória herdada do grupo familiar." (AMADOR DE DEUS, 2008, p. 121)

os herdeiros da branquidade europeia que se colocou como imagem a ser alcançada por todos os outros povos no mundo. Este mito colonizatório evocou que apenas determinados saberes são considerados como respeitáveis, como sendo os únicos que importam e estabeleceram que apenas nas universidades esses conhecimentos seriam validados e que estariam naquelas mesas e bibliotecas apenas os herdeiros deste mito. A isto chamaram de neutralidade, ciência, tecnologia e inovação, de imparcialidade, no entanto, este é só o "modelo identitário das elites nacionais" (SODRÉ, 1999, p. 32).

A fatia da humanidade obrigada à subalternidade tem combatido estes mitos exatamente como Ananse: afirmando seus saberes tradicionais e criando teias contra coloniais de construção de conhecimento. Aí estão as herdeiras de Ananse, cujos territórios amazônicos estão o tempo todo subjugados e colocados nas categorias geradas por estes mitos colonizatórios, que geram outros mitos sobre a Amazônia, como o mito do vazio demográfico, ou um insistente mau hábito de mantê-la em lugares desqualificados e desvalorizando as ciências, as tecnologias e inovações que dia a dia são elaboradas pelas milhares de pessoas que por aqui se movimentam.

Mas voltando à Ananse. O que Ananse queria era contar histórias ao povo de sua aldeia e estas histórias estavam sob o domínio de Nyame. Então, ela teceu uma imensa teia de prata e por ela subiu à morada do deus do céu para saber o preço daquelas histórias. Nyame apresentou suas condições e deu uma demanda, com vários desafios, para a pequena aranha, mas na verdade o deus nem acreditava que Ananse fosse capaz de cumpri-la de "tão pequeno, tão pequeno, tão pequeno" que era.

Mas Ananse dominava um saber cientifico-tecnológico precioso: tecer fios de prata tão fortes que suas teias aguentavam o peso de um leopardo, de uma fada e de marimbondos que picam como fogo. Além de sua mãe Ianysiá. Este saber, dominado por Ananse, é o fio/ação mais poderoso à disposição de suas herdeiras para o combate aos mitos criados pelas colonizações sobre a Amazônia, as herdeiras de Ananse se enlaçam em teias fortes, como fios de prata, e se apropriam desse legado que nos dá acesso às histórias do mundo, onde quer que elas estejam concentradas. É a apropriação intuitiva de uma tecnologia ancestral.

Nos rastros de Ananse estão militantes pelas artes e pelas culturas, pela educação, pelo meio ambiente, pela comunicação e cultura digitais, pela autonomia e soberania dos povos Amazônidas. Exemplo disso é o domínio de crianças, mulheres e de pessoas idosas sobre as melhores formas de diálogo com os rios que constroem suas estradas fluviais, por meio de pequenas e familiares embarcações como rabetas, canoas e lanchas.

Outro exemplo é a Moeda Muiraquitã criada artesanalmente pelo Coletivo Puraquê (Santarém/PA) muitos anos atrás, cujo objetivo foi promover a educação ambiental e abrir portas para conhecimentos sobre a cultura digital (SLUIS, 2012) e assim ter acesso a outras histórias sobre o mundo, bem como contar suas próprias histórias e disseminar saberes.

São as formas de "amazonidar as comunicações", como afirmado por Samilly Valadares no evento Diálogos sobre Etnocomunicação: Práticas para o Fortalecimento dos Comunicadores Tradicionais (transmitido ao vivo pelo Youtube)[7], a implementação de redes comunitárias, inclusive com a Escola de Redes Comunitárias da Amazônia atuando no Oeste do Pará, criação de plataformas livres para uso das comunidades, entre outras práticas em busca de nossas autonomias.

Uma das máscaras do racismo, como Zélia Amador de Deus (1988) nomeia as formas "renovadas" como o racismo age, é justamente a autorização para quem pode falar e formular um conhecimento científico, pequenos sujeitos como Ananse ainda são muito infantilizados pelas ações coloniais que tentam de toda forma tirar sua autonomia e desautorizá-las a falar sobre o que sabem e conhecimentos que dominam e combater isso tem feito com que por todo o continente Amefricano intelectuais negros tenham desenvolvido trabalhos avançados, inovadores, diversificados e de autonomia, como numa grande pororoca de saberes e de afirmação da sua humanidade e competência.

E é exatamente como acontece sobre a Amazônia ainda em anos como o de 2022, quando vemos eventos organizados para promover uma "Amazônia em Pé" sem a presença de amazônidas, pois os brasis colonialistas impõem o mito da neutralidade: quem é de dentro não pode falar porque é parcial/militante/identitário (marcadores feitos com sentidos bastante vulgares). Ou uma exposição fotográfica em São Paulo que ainda retrata um conceito que sempre foi absolutamente violento com os saberes amazônicos: Amazônia primitiva. São essas narrativas disputadas pelas herdeiras de Ananse também nos espaços digitais.

Como observadora participante da comunicação na Amazônia,

---

[7] Disponível em: <https://www.youtube.com/watch?v=TwGBo24TAUQ>

percebo que quando nos enredamos nos ciberativismos, o primeiro fio/ação das herdeiras de Ananse é de entrar nas redes com outras mulheres negras amazônidas para contar suas histórias, o que atrai é o interesse por um movimento emancipatório do acesso e do falar por si e isso quase sempre é feito por meio de seus coletivos que além dos debates raciais, de gênero, sexualidades e demais atravessamentos, centralizam o Território como o fio/ação comum entre as herdeiras de Ananse cuja existência foge aos muitos binarismos impostos, que é o uso das nossas próprias tecnologias.

Nestas observações, identifico que o segundo fio/ação mais comum entre as herdeiras de Ananse em seus ciberativismos é a valorização de nossas linguagens próprias, do nosso próprio jeito de fazer e mobilizar, nos tempos e civilidades amazônidas e com as tecnologias do possível: levantam os debates sobre as especificidades destes territórios, compreendem a dinâmica política destas tecnologias para atrair leituras e alianças, exigem serem identificadas e reconhecidas das mesma forma que identificam e reconhecem mulheres negras de outros territórios pois se deslocam constantemente até os centros dos brasis para chamarem atenção para as negritudes amazônidas que vivem nas cidades, nos quilombos, nas florestas e nas aguas.

Só depois é que o fio/ação tem sido de apropriação das técnicas e uma certa busca por incrementar estes usos (entender o xadrez dos algoritmos é uma delas). E para isso novamente impera o senso de coletividade e do conhecimento circular entre pares, quem aprende volta com a devolutiva para suas comunidades e demais redes, por isso é crescente a quantidade de coletivos trabalhando na construção de plataformas próprias voltadas para as demandas amazônicas, para projetos de tecnologias que busquem fortalecer os territórios.

A geógrafa Maria Malcher (2017) alerta que existem diversas complexidades para se definir um que é um território, pois para além do pertencimento coletivo (que envolve identidade, direito e cultura), territórios também acionam disputas de poder e de controle. A Amazônia é um território multidimensional e de múltiplas territorialidades porque se apresenta de diversas formas. Observe que romper com o estigma de uma Amazônia fantasiosa é o fio/ação mais forte nos ciberativismos das herdeiras de Ananse.

E isso chama atenção de organizações e entidades de fora da região e também de fora do país, porque o conhecimento técnico está somado ao conhecimento político, está fortalecida a importância da região, as herdeiras de Ananse são militantes engajadas e sabem a importância da Amazônia, sabem sobre suas próprias importâncias.

Compreender sobre tecnologias e suas dinâmicas requer entender as dinâmicas em disputa dos nossos antagonistas e de como se esforçam para se manterem no controle das histórias e disso as herdeiras de Ananse entendem bem, pois conhecemos desde muito tempo como a infraestrutura da internet precária, cara, racista, transmisógina, de extrema vigilância e mediante um estado tecnocrático que aplica modelos de desenvolvimento que além de não assegurar os direitos de nossos territórios, mantém-nos amarradas a uma narrativa colonial que retroalimenta silenciamentos e apagamentos.

O aprendizado de máquina retroalimenta formas como a Amazônia aparece nos buscadores digitais e promove uma espécie de "sumiço" dos ciberativismos de mulheres negras e indígenas na região, pois quando buscamos por Amazônia nas plataformas o que surge é o legado colonial que emoldurou uma concepção bastante insuficiente sobre estes territórios.

Considerações para não deixar esquecer

O legado de Ananse não é estático, não se encerra, não cabe em uma só versão. Assim como suas teias, o que se constrói a partir de sua narrativa nos alcança em diversos lugares. Associar Ananse às trajetórias de mulheres negras que, por habitarem as améfricas amazônidas, herdam seu legado tecnológico significa contrapor e driblar aquilo que a colonialidade articula como uma inferioridade mental e cultural e trazer isso a partir da narrativa feita pela professora Zélia Amador de Deus, cuja herança Anansística vem desde dona Francisca, é disputar o espaço merecido às nossas e aos nossos griôs, nossas pretas velhas, nossas entidades encarnadas.

O movimento intelectual negro que vivemos dutante todos esses séculos no Brasil nos permite fazer o movimento sankofa de ouvir, ler, reacender - se for preciso - o que nossos/as griôs têm construído como legado nas diversas áreas de conhecimento, para conhecer, estudarmos, comprender, criticá-los, não deixa-los para trás guardados, secretos, esquecidos, engavetados. Por isso é também importante reler o trabalho da professora Amador.

Da mesma forma que o movimento negro no Brasil sempre endossou, dialogou e reverberou as lutas transnacionais pelo combate ao racismo, as herdeiras de Ananse da Amazônia Paraense têm sido fundamentais nas lutas das ciberativistas negras no Brasil, mas ao mesmo tempo lidam com muitas invisibilidades, sobretudo as denúncias das violências que acontecem em seus territórios, mas também dos projetos que constroem e isso agrava quanto mais distante fisicamente estão das "capitais", mesmo estando em municípios estratégicos para a política nacional. Em analogia com o trabalho da professora Zélia Amador de Deus, estes estigmas e invisibilidades fazem parte do conjunto de máscaras/personas do racismo que muitas vezes acabam encontrando uma certa conivência mesmo nos movimentos sociais de fora destes territórios.

Referências Bibliográficas:

AMADOR DE DEUS, Zélia. **OS HERDEIROS DE ANANSE: movimento negro, ações afirmativas, cotas para negros na Universidade**. Tese (Doutorado) - Universidade Federal do Pará, Instituto de Filosofia e Ciências Humanas, Programa de Pós-Graduação em Ciências Sociais, Belém, 2008.

AMADOR DE DEUS, Zélia. **Ananse tecendo teias na diáspora: uma narrativa de resistência e luta das herdeiras e dos herdeiros de Ananse**. Belém: Secult-Pará, 2019. PORTAL DOS MITOS. ANANSI. Disponível em <https://portal-dos-mitos.blogspot.com/2013/01/anansi.html?m=1>. Acesso em 4 de dez 2022.

ANANSI/ANANSE: **O HOMEM ARANHA - mitologia africana**. Disponível em <https://www.youtube.com/watch?v=WZzkUtwanYg>. Acesso em 4 de dez 2022.
BADOE, Adwoa. História de Ananse. Tradução: Marcelo Pen. Ilustrações: Baba Wagué Diakité. São Paulo: Edições SM, 2006.

CRUZ, Maria de Nazaré Costa da. **A trajetória de vida de mulheres negras em instâncias de poder na Amazônia Paraense (1995-2015)**. Trabalho de Conclusão de Curso. Universidade da Amazônia. Belém-Pará, 2018.

DEUS, Zélia. **Caminhos Trilhados na Luta antirracista**. Belo Horizonte: Autêntica, 2020.

Deuses Americanos - Anansi - Navio negreiro. Disponível em <https://www.youtube.com/watch?v=BrKcQQVSt34>. Acesso em 4 de dez 2022.

GONZALEZ, Lélia. **A categoria político-cultural de amefricanidade**. In: Tempo Brasileiro. Rio de Janeiro, Nº. 92/93 (jan./jun.). 1988, p. 69-82.

MALCHER, Maria Albenize Farias. **O Olhar Geográfico: A Formação e Territo-**

rialização de Comunidades Quilombolas no Município de São Miguel do Guamá, Pará. (Doutorado em Geografia). Universidade Federal do Ceará, Fortaleza, CE, 2017.

O MITO DE ANANSE - Diáspora Africana. Disponível em < https://www.youtube.com/watch?v=Za3Wx7VZA6k>. Acesso em 4 de dez 2022.

SILVA, Tarcizio. **Racismo Algoritmico: inteligência artificial e discriminação nas redes digitais**. São Paulo: Edições SESC, 2022.

SLUIS, Marie Ellen. **Coletivo Poraquê: ativismo de base TIC - uma inclusão digital**. In: VASCONCELOS, Giseli (org). Por uma cartografia crítica da Amazônia: recorte/processo sobre arte, política e tecnologias possíveis. Belém, 2012.

SODRÉ, Muniz. **Claros e escuros: identidade, povo e mídia no Brasil**. Petrópolis: Vozes, 1999.

Capítulo 08

Pâmela Guimarães-Silva
Professora substituta na Escola de Comunicação da Universidade Federal do Rio de Janeiro (ECO/UFRJ), professora adjunta na pós-graduação em Comunicação, Diversidade e Inclusão nas Organizações do IEC PUC Minas e professora convidada na Fundação Dom Cabral. Funcionária Pública efetiva lotada da Subsecretaria de Direitos Humanos de Minas Gerais. Mestre e doutora em Comunicação pelo Programa de Pós-Graduação em Comunicação Social da UFMG e cursa especialização em Marketing e Branding (Descomplica Faculdade Digital) e em Docência do Ensino Superior e Metodologias Ativas de Aprendizado (Descomplica Faculdade Digital).

Aprendendo com Sueli Carneiro: Estratégias de hackeamento do dispositivo de racialidade

Pâmela Guimarães-Silva

Neste artigo, filiamo-nos a concepção de Sueli Carneiro (2005) de que a sociedade brasileira está estruturada sob o dispositivo de racialidade, que tem como objetivo o aniquilamento dos corpos negros e de todas as suas práticas, costumes e conhecimentos. As tecnologias de poder desse dispositivo agem por meio de processos que atribuem aos sujeitos negros o lugar da subalternidade, da incapacidade, das práticas ilegais, incultas e hereges, fixando-os como Outros, em relação ao sujeito norma/padrão.

No âmbito de uma pesquisa maior, nossa tese de doutoramento, apreendemos que, continuamente, as mulheres negras vêm criando territórios simbólicos de resistência à realidade imposta por esse dispositivo. Esses territórios se dão a ver por meio de ferramentas de interação, nas quais as mulheres negras vêm tematizando as desigualdades raciais, a partir das próprias experiências em um processo de subjetivação política — um reconhecimento de si por si, diferente das regulações do dispositivo de racialidade.

Nesses espaços, elas performam o que Debray (1993) entende como comunicação: compartilhar, por em comum, fazer parte, trocar opiniões, trocar propósitos, associar, conferenciar. Isto é, elas criam arranjos interacionais, políticos, sociais e alternativos de "emancipação social do negro, alicerçado em sua própria história e em sua própria cultura, confrontando as narrativas coloniais de negação ou redução do legado africano a mero 'exotismo'" (ITAÚ CULTURAL, 2016)[1].

Isto posto, este artigo tem como propósito analisar um desses procedimentos que promovem subjetivação e emancipação em relação ao dispositivo de racialidade, a coluna Opinião, no Jornal Correio Braziliense, escrita por Sueli Carneiro durante a primeira década dos anos 2000. Acreditamos que, ao assumir a palavra sobre si e sobre os seus pares, Carneiro hackea duplamente a identidade construída pelo dispositivo: por se colocar como capaz de falar sobre si na cena pública e por tematizar a condição da negritude no país.

---

[1] Disponível em: https://www.itaucultural.org.br/ocupacao/abdias-nascimento/ativista-e-artista/?content_link=2. Acesso em: 30/07/2021.

O dispositivo de racialidade e seus efeitos na construção de sentido sobre o potencial cognoscente dos sujeitos negros

Segundo Foucault (1999), a partir do século XVII, o poder se consolidou em um *modus operandi* chamado de *biopoder* e de *biopolítica*, duas tecnologias de disciplina e controle que atuam tanto sobre os sujeitos, individualmente, quanto sobre a população, enquanto grupo, para que esses ajam docilmente em prol do crescimento do Estado. Esse tipo de exercício do poder acontece por meio dos dispositivos, que são constituídos por:

> (...) um conjunto [de elementos] decididamente heterogêneo que engloba discursos, instituições, organizações arquitetônicas, decisões regulamentares, leis, medidas administrativas, enunciados científicos, proposições filosóficas, morais, filantrópicas. Em suma, o dito e o não dito são os elementos do dispositivo. O dispositivo é a rede que se pode estabelecer entre estes elementos. (FOUCAULT, 2000, p. 244).

A rede, que Foucault cita, é a materialização dos dispositivos. Assim, ela pode assumir uma infinidade de formatos disciplinadores e controladores, como um:

> (...) um programa de uma instituição ou, ao contrário, como elemento que permite justificar e mascarar uma prática que permanece muda; pode ainda funcionar como reinterpretação desta prática, dando-lhe acesso a um novo campo de racionalidade. Em suma, entre estes elementos, discursivos ou não, existe um tipo de jogo, ou seja, mudanças de posição, modificações de funções, que também podem ser muito diferentes (FOUCAULT, 2014, p.138).

Embora tenha uma natureza diversa, como citamos acima, o dispositivo não se instaura por obra do acaso. Ele é "um tipo de formação que, em um determinado momento histórico, tem como função principal responder a uma urgência. O dispositivo tem, portanto, uma função estratégica dominante" (FOUCAULT, 2014, p.138). Em outras palavras, os dispositivos articulam práticas, saberes e poderes com um objetivo e instauram "uma prática divisora que primeiramente tem efeitos ontológicos, constituindo sujeitos-forma. No âmbito do dispositivo a enunciação sobre o Outro constitui uma 'função de existência'" (CARNEIRO, 2005, p. 39).

Com um profundo entendimento dessa base teórica e focando nesse efeito ontológico dos dispositivos, em sua tese, a filósofa Sueli propõe que a sociedade brasileira está engendrada por um dispositivo de racialidade. Para ela, a raça não funciona apenas como uma forma de classificar os sujeitos segundo a cor da pele, ela é também um operador do poder, com efeito de dividir a sociedade entre o sujeito-forma (branco) e o seu oposto (o sujeito não-branco).

Sua hipótese é a de que o dispositivo de racialidade se consolidou em dois grandes momentos históricos: nas expedições (séculos XV e XVI) e na emergência do dispositivo de sexualidade (século XVII e XVIII), esse último, enquanto um acontecimento de afirmação da classe burguesa. Para falar sobre o primeiro momento, ela recorre ao conceito de Contrato Racial, do filósofo afro-americano Charles Mills (1997 apud CARNEIRO, 2005, p. 43).

Para Mills, a sociedade é regida por um Contrato Social que determina papéis, hierarquias e outras funções sociais. No bojo de tal engenharia social está o Contrato Racial, que emergiu com as expedições. Segundo o filósofo, nesse momento histórico foi firmado um acordo entre os brancos/expedicionários se estabelecendo como seres humanos, que deveriam viver em um regime de igualdade. Como efeito desse contrato, os "outros", que não partilhavam dos mesmos atributos dos expedicionários, em especial da cor da pele, foram considerados como opostos (CARNEIRO, 2005, p. 48).

O segundo momento que colabora com a consolidação do dispositivo de racialidade é quando ocorre o surgimento do dispositivo da sexualidade. Para a autora, que se filia a Foucault, o dispositivo de sexualidade surge como uma estratégia da burguesia para se estabelecer enquanto classe dominante. Entretanto, acabou por estabelecer a branquitude como norma, posto que o burguês era branco e encarnava "todas as virtudes, a manifestação da razão, do espírito e das ideias: 'eles são a cultura, a civilização, em uma palavra, a humanidade.'" (NOGUEIRA, 1998, p. 101-102 apud CARNEIRO, 2005).

Desse modo, o corpo passa a funcionar "[...] como marca dos valores sociais, nele a sociedade fixa seus sentidos e valores. Socialmente, o corpo é [passa a ser] um signo." (NOGUEIRA, 1998, p. 101-102 apud CARNEIRO, 2005). Disso tem-se que uma supremacia branca que se forma como um sistema de poder, uma estrutura contratual, altamente interacional, que está em todas as instâncias de poder da sociedade, sem que isso gere qualquer estranhamento (CARNEIRO, 2005). Instâncias essas que controlam todos os mecanismos de "deixar viver ou deixar morrer".

A nosso ver, portanto, a estudiosa está mostrando que a definição da categoria raça evoca uma estrutura social de dominação e de aniquilamento. Para evidenciar esse contexto, e com base nos estudos de Boaventura de Souza Santos, Carneiro, então, disseca a rede que materializa esse dispositivo: o genocídio dos corpos negros — que anos depois foi conceituado como necropolítica (MBEMBE, 2016) — e o aniquilamento do saber (e da cultura), o chamado epistemicídio.

> O genocídio que pontuou tantas vezes a expansão europeia foi também um epistemicídio: eliminaram-se povos estranhos porque tinham formas de conhecimento estranho e eliminaram-se formas de conhecimento estranho porque eram sustentadas por práticas sociais e povos estranhos. Mas, o epistemicídio foi muito mais vasto que o genocídio porque ocorreu sempre que se pretendeu subalternizar, subordinar, marginalizar, ou ilegalizar práticas e grupos sociais que podiam ameaçar a expansão capitalista (SANTOS, 1995, p. 328).

O conceito de epistemicídio, que a filósofa aciona, se estabelece como foco do nosso trabalho. No Brasil, a relação entre o sujeito negro e a intelectualidade ganhou sentido por meio da via do epistemicídio, um processo que se manifesta,

> (...) pela negação ao acesso à educação, sobretudo de qualidade; pela produção da inferiorização intelectual; pelos diferentes mecanismos de deslegitimação do negro como portador e produtor de conhecimento e de rebaixamento da capacidade cognitiva pela carência material e/ou pelo comprometimento da autoestima pelos processos de discriminação correntes no processo educativo. Isto porque não é possível desqualificar as formas de conhecimento dos povos dominados sem desqualificá-los também, individual e coletivamente, como sujeitos cognoscentes. E, ao fazê-lo, destitui-lhe a razão, a condição para alcançar o conhecimento "legítimo" ou legitimado. Por isso o epistemicídio fere de morte a racionalidade do subjugado ou a sequestra, mutila a capacidade de aprender etc. É uma forma de sequestro da razão em duplo sentido: pela negação da racionalidade do Outro ou pela assimilação cultural que em outros casos lhe é imposta. (CARNEIRO, 2005, p. 97).

Disso tem-se que, se os eixos essenciais de valoração dos diversos grupos humanos se resumem a racionalidade e a linguagem, retirando-lhes a razão, eles passam a não gozar do status de humanos e perdem o espaço para se expressar.

Essa categorização ou definição do Outro está profundamente ligada ao modus de operação das linhas de força dos dispositivos. É por meio da definição externalizada do Outro que se determina sua função social, suas capacidades, seus deveres, suas atuações em e na sociedade. Em sociedades marcadas por desigualdades, esse mecanismo, quando utilizado pelos grupos hegemônicos, será, então, capaz de determinar e restringir o imaginário sobre esse Outro, encapsulando-o em um conjunto de expectativas diminutas e/ou naturalizando estereótipos, estigmas e comportamentos opressivos.

Nesse sentido, por exemplo, para Collins (2016), a autodefinição e autoavaliação dos sujeitos negros são atos de resistência, posto que consistem em tomar a palavra e emitir um discurso sobre si, (re)legitimando-se como sujeito humano e substituindo imagens externamente definidas pela cultura hegemônica (e psicologicamente internalizadas) por imagens próprias de si. Isso porque, uma das formas dessas lutas se darem a ver é a partir das linhas que escapam às forças e aos saberes dos dispositivos, as linhas de subjetivação e de fuga.

A linha de subjetivação é o reconhecimento de si por si, um reconhecimento apartado da verdade e dos saberes produzidos pelo dispositivo. Essa subjetivação resulta na linha de fuga, um reposicionamento do sujeito no limite do dispositivo (em vez de inserido e subjugado às suas forças), a partir da própria identidade não mais construída por forças exteriores, mas auto-reconhecida. As linhas de subjetivação e fuga constituem-se, portanto, em uma contestação emancipatória das categorizações impostas pelo dispositivo.

A autodefinição e a autovalorização como atos de resistência

Para Patricia Hill Collins (2016), a "autodefinição envolve desafiar o processo de validação do conhecimento político que resultou em imagens estereotipadas externamente definidas da condição feminina afro-americana" (p. 92); consiste em tomar a palavra, emitir um discurso sobre si e assim se legitimar como sujeito humano. Já a autoavaliação enfatiza o conteúdo específico das autodefinições e consiste em substituir imagens externamente definidas por imagens próprias de si, validando seu poder enquanto sujeitos humanos, resistindo à desumanização nos sistemas de opressão e rejeitando a opressão psicológica internalizada.

Tem-se nessas definições, que também representam uma virada epistemológica e um ato de subjetivação, um confronto com as críticas àqueles que são contra o chamado identitarismo nos movimentos sociais: reivindicar o protagonismo nos discursos sobre si não têm a intenção de impedir o debate, mas de qualificá-lo. Afinal, os únicos sujeitos que não são capazes de qualificar o debate sobre si são os que têm impeditivos físicos e cognoscentes. Nos termos de Vera França (2005),

> (...) são as relações que constituem esse sujeito – a relação com o outro, a relação com a linguagem e o simbólico. Assim, não falamos em sujeito no singular, mas no plural; e não apenas sujeitos em relações, mas em relações mediadas discursivamente. Trata-se, portanto, de uma dupla injunção, de uma triangulação. Tal apreensão produz o enquadramento lógico para entender seja a sua natureza, seja sua constituição. São sujeitos interlocutores – sujeitos que falam um com o outro, produzidos nos e pelos laços discursivos que os unem. **Sujeitos não antecedem a relação, mas resultam dela** – sejam elas relações de conjunção, enfrentamento, de associação ou de conflito (FRANÇA, 2005, p. 12, grifo nosso).

Portanto, centralizar a identidade tem a ver com exercer o protagonismo e assim tentar combater a invisibilidade e o silenciamento, resultantes do dispositivo de racialidade. Esse combate ao silenciamento, segundo Grada kilomba (2019), é essencial para desmantelar sistemas de poder. Segundo a autora, a fala sempre foi muito ameaçadora à branquitude, por ter o potencial de expô-la à sua real aparência. Por exemplo, a fala do escravizado, tinha potencial para trazer o sentimento de culpa, seguido pela vergonha, posto que mostrava para a branquitude como eles eram vistos (como dominadores) em vez de como a imagem que criaram para si (como salvadores). Daí a necessidade em silenciá-los.

Para não acessar essa discrepância entre a imagem feita para si e a que os outros fazem dele, o silenciamento se apresenta de diversas formas, uma delas é sobre a negativação da imagem dos negros. Daí a relevância de observarmos os espaços onde essas mulheres podem se autodefinir e se autoavaliar. Em última análise, o silenciamento seria uma ferramenta disciplinadora e reguladora para efetivar a natureza dos sujeitos "não-ser" gerados pelo dispositivo.

Isto posto, nosso foco neste artigo consiste em um desses espaços de autodefinição e de autoavaliação, portanto de resistência ao dispositivo de racialidade, a coluna *Opinião*, escrita por Sueli Carneiro, para o *Jornal Correio Braziliense*.

Sueli Carneiro

A escolha por abordar a produção de Sueli Carneiro tem motivo: a filósofa teve não somente a perspicácia de fazer uma leitura crítica da engenharia social brasileira, ao pesquisar e cunhar o conceito de dispositivo de racialidade, como também teve uma atuação pragmática de hackeamento desse sistema opressivo — aqui abordaremos a atuação por meio da escrita, mas sua trajetória é extremamente relevante para a história do país.

Nascida em 23 de junho de 1950, criada na Zona Norte de São Paulo, Aparecida Sueli Carneiro Jacoel ou apenas Sueli Carneiro, como é conhecida, é a ativista que esteve à frente desse movimento de feminizar as lutas raciais e enegrecer o feminismo na maior parte de sua vida. Além disso, a irmã mais velha dos sete filhos de uma costureira e um ferroviário, e também mãe de Luanda, foi um nome de destaque na resistência ao regime militar no Brasil, desde a sua adolescência até a vida adulta, quando, com seu companheiro Maurice Jacoel, abrigou perseguidos políticos.

Segundo os registros públicos consultados pela jornalista Bianca Santana (2020), autora da recém-lançada biografia de Sueli Carneiro[2], antes mesmo da sua atuação no Conselho Estadual da Condição Feminina (1983), Carneiro já tinha ficha no DOPS: há, no sistema de informação do Arquivo Nacional, trinta e sete registros de atividades em que Carneiro participou no início da década de 1980. Para além da resistência ao regime militar, Sueli Carneiro, nos anos seguintes, também foi uma das ferrenhas defensoras da constitucionalidade das cotas raciais. Inclusive, na audiência pública sobre políticas de acesso ao ensino superior, promovida pelo Supremo Tribunal Federal (STF).

Há, ainda, na sua incrível caminhada, o registro de que Sueli Carneiro é a responsável pelo primeiro site de organização não governamental do Brasil, o Portal Geledés, e também é uma das fundadoras do *Geledés - Instituto da Mulher Negra*, cuja uma das primeiras ações foi a promoção de capacitação de mulheres negras nas chamadas TICS — Tecnologias da informação e comunicação. A ação surgiu a partir de uma pesquisa realizada pela instituição[3].

---

[1] Intitulada Continuo Preta - A vida de Sueli Carneiro (2021).

[2] Disponível em: https://www.geledes.org.br/wp-content/uploads/2014/04/PLPs-Uma-experiencia--com-raca-e-classe-portal-geledes.pdf. Acesso em: 18/07/2020.

> De posse dos resultados o programa de comunicação do Geledés partiu para o desenvolvimento de uma metodologia para capacitação em TICs e Comunicação de mulheres negras adultas, lideranças comunitárias, que na maioria eram totalmente excluídas desse tipo de habilitação e que dependiam, em geral, de terceiros para o manuseio de equipamentos de informática .Para essa capacitação foram criados instrumentais específicos, como por exemplo uma cartilha, passo a passo, que desmistifica a Internet e decifra os complicados termos das novas tecnologias e que assombram as mulheres de movimentos comunitários, e as afastam daquilo que chamamos de o direito a ter direito (GELEDÉS, 2014).

Além da capacitação, em 1997, o *Geledés* também desenvolveu um Portal que, atualmente, consiste em um diretório de notícias e informações de referência na temática racial. Confirmando Sueli Carneiro, assim, como uma das pioneiras em compreender o potencial da comunicação e das tecnologias na e para a sociedade, como ferramentas que atualizam e configuram a vida social, bem como os próprios sujeitos.

Entre 2000 e 2008, Sueli Carneiro escreveu 158 textos para a coluna *Opinião*, do *Jornal Correio Braziliense*. Esse material foi o primeiro conteúdo periódico a ser replicado no Portal Geledés e se constitui como foco do nosso olhar. Na impossibilidade de analisar todo esse recorte, nos detivemos nas colunas que trazem os termos "racismo", "racismos", "mulheres", "mulher", "mulher negra", "mulheres negras", "ela", "elas" e "gênero"[4]. A partir da base teórica proposta e do *corpus* escolhido, interessa-nos identificar e refletir sobre como Sueli Carneiro hackeia, em sua escrita, o dispositivo de racialidade.

[4] As palavras foram escolhidas por representarem os pontos-chaves da pesquisa maior, da qual deriva este artigo.

Veículo	Coluna	Título do artigo	Ano	Autora
Jornal Correio Braziliense /Portal Geledés	Coluna Opinião	Racismo na Educação Infantil	2000	Sueli Carneiro
Jornal Correio Braziliense /Portal Geledés	Coluna Opinião	Mulheres Negras Lembrando Nossas Pioneiras	2002	Sueli Carneiro
Jornal Correio Braziliense /Portal Geledés	Coluna Opinião	Genuflexão contra as mulheres	2005	Sueli Carneiro
Jornal Correio Braziliense /Portal Geledés	Coluna Opinião	O Combate ao racismo no trabalho	2005	Sueli Carneiro
Jornal Correio Braziliense /Portal Geledés	Coluna Opinião	Saúde, gênero e raça	2006	Sueli Carneiro

Tabela 1 – Colunas selecionadas para o corpus de análise. Fonte: elaborada pela autora.

O hackeamento por meio da autodefinição

No início dos anos 2000, Sueli Carneiro no Jornal Correio Braziliense/ no Portal Geledés endossa a necessidade de ressignificação do que é ser uma pessoa negra. Antes de passar para a análise dos textos de fato, cabe salientar que em toda a trajetória de Sueli Carneiro é notório o seu entendimento de que, embora não exista hierarquia entre as categorias de opressão, no Brasil, a raça estrutura gênero, classe, sexualidade e outros marcadores. Portanto, seria na experiência do racismo que as pessoas negras se encontrariam.

Nas colunas analisadas, Sueli Carneiro não se apresenta sempre a partir da voz coletiva marcada pelo gênero (o "nós mulheres negras") interseccionado com a raça, mas sempre utiliza a voz coletiva marcada pela raça ("nós pessoas negras brasileiras") e, a partir desse lugar, desnuda diversas engenharias sociais racistas, inclusive as que afetam mais as mulheres negras. Parece-nos que ela evoca uma autodefinição sobre a importância de se enxergar e de ser parte de uma comunidade - o que vai de encontro com as divisões binárias, frutos do dispositivo de racialidade (e da sexualidade) é uma marca muito própria da ocidentalidade.

Importante ressaltar que ela não nega a existência de outros marcadores que geram comportamentos e opressões, por exemplo o comportamento machista por parte dos homens negros. Porém, ela evidencia em seus textos que os homens negros não desfrutam dos benefícios do patriarcado ao se portar da mesma forma, por estarem no mesmo polo de opressão que as mulheres negras em relação aos sujeitos brancos.

A partir dessa perspectiva, Carneiro vai trabalhar em sua coluna temas mais abrangentes sobre as opressões que atingem a população negra como um todo, o primeiro deles: o racismo na infância. Em sua coluna, intitulada Racismo na Educação Infantil, publicada no ano 2000, a colunista apresenta a pesquisa de mestrado da professora Eliane Cavalleiro, que resultou no livro Do Silêncio do Lar ao Silêncio Escolar: racismo, discriminação e preconceito na educação infantil, da Editora Contexto.

Segundo relata Sueli Carneiro, Eliane acompanhou as relações de professor/aluno, aluno/professor e aluno/aluno, durante oito meses, em três salas de aula de crianças entre quatro e seis anos de idade. Em sua observação, a pesquisadora considerou as expressões verbais, as práticas não-verbais e as práticas pedagógicas do ambiente escolar. O resultado dessa observação foi a identificação de diversas práticas racistas na relação aluno/aluno e professor/aluno.

Na primeira interação (aluno/aluno), as práticas racistas foram percebidas, principalmente, em momentos de lazer entre as crianças. Além disso, a pesquisadora constatou durante as entrevistas que, embora muito novos, os alunos negros sabiam atribuir as desigualdades que sofriam ao seu pertencimento racial.

> Contrariando as referências bibliográficas analisadas e o depoimento das próprias professoras da escola pesquisada, Eliane percebeu conflitos e hierarquizações raciais entre as crianças, como demonstrou o depoimento de uma garota negra de seis anos. Segundo ela, as crianças só brincavam com ela quando levava brinquedo. Quando indagada por quê, respondeu: "Porque sou preta. A gente estava brincando de mamãe. A Catarina branca falou: eu não vou ser tia dela (da própria criança que está narrando). A Camila, que é branca, não tem nojo de mim". A pesquisadora pergunta: "E as outras crianças têm nojo de você?" Responde a garota: "Têm". Trata-se apenas de um exemplo, pinçado entre dezenas que estarrecem o leitor a cada página (CARNEIRO, 2000, online).[5]

[5] Disponível em: https://www.geledes.org.br/racismo-na-educacao-infantil-por-sueli-carneiro/. Acesso em: 04/04/2021.

No segundo tipo de interação (professor/aluno), as práticas racistas ocorreram, em sua maioria, no ambiente de sala de aula.

> De volta à relação professor/aluno, a pesquisa mostra que as crianças brancas recebem mais oportunidades de se sentirem aceitas e queridas que as demais; elas são consideradas "boas", os elogios são feitos a elas como pessoas, são inteligentes, espertas, bonitas etc. No caso das crianças negras são feitos elogios às tarefas que estão bem-feitas, mas não a elas como seres humanos dignos de admiração e incentivo (CARNEIRO, 2000, online).[6]

Mais do que apresentar uma autodefinição, Sueli Carneiro, ao abordar a pesquisa de Eliane, lança luz sobre como as imagens que os sujeitos negros têm de si são moldadas desde a sua socialização, na infância. Parece-nos uma apresentação da genealogia do self do sujeito negro brasileiro, que expõe a operacionalização do dispositivo de racialidade em um ambiente cujas interações serão uma das bases mais fortes para o desenvolvimento do sujeito.

Nas duas colunas seguintes, intituladas *Genuflexão contra as mulheres e Saúde*, *gênero* e *raça*, Sueli Carneiro aborda questões relativas às políticas públicas sobre a saúde da mulher negra e sobre os direitos reprodutivos. Entretanto, não faz um recorte de gênero que seja limitante, ela busca evidenciar como o tema possui uma abrangência secundária que pode afetar aos homens (companheiros, filhos, parentes etc.). Ela diz:

> (...) a associação entre raça e saúde no Brasil decorre de uma realidade muito concreta, corroborada por estudos e pesquisas que atestam desigualdades sofridas pelos negros na proteção à saúde. Por exemplo, se a identificação da anemia falciforme pode ser feita no teste do pezinho, que permitiria o tratamento precoce da doença em benefício da qualidade e esperança de vida dessas crianças, por que não aplicá-la rigorosamente em todos os bebês, sobretudo os negros, que apresentam as chances maiores de serem portadores dessa doença, que atinge em torno de 10% da população? Se os negros em geral apresentam maior prevalência de hipertensão arterial, e sendo esse, sabidamente, um fator de risco de morte materna, que vitima em maior grau as mulheres negras, por que não haver atenção especial com a gestante negra? Se as gestantes devem receber igual tratamento, por que se observou

[6] Disponível em: https://www.geledes.org.br/racismo-na-educacao-infantil-por-sueli-carneiro/. Acesso em: 04/04/2021.

> na pesquisa realizada pela FIOCRUZ (no período de 1999 a março de 2001, no RJ) diferenças no atendimento de brancas e negras, no uso de analgesia de parto, ausculta de batimentos cardíacos do feto, medida do tamanho do útero durante o pré-natal, respostas às dúvidas durante o pré-natal, permissão de acompanhante antes e depois do parto, se a pesquisa controlou escolaridade e classe social das gestantes? Outros estudos demonstram o atendimento diferenciado entre pacientes negras e brancas no tratamento de miomatoses, que resultam nos índices expressivamente superiores de histerectomia entre mulheres negras. Atentar para esses fatores não implica promover determinismo biológico. Significa, sim, a rejeição ao histórico descaso em relação a essa população (CARNEIRO, 2006, online).[7]

Note-se, neste trecho e na coluna sobre a educação infantil, a composição de uma espécie de arco da vida, no qual Sueli Carneiro desmistifica a ideia de que o racismo (a maior tecnologia de poder do dispositivo de racialidade) é algo presente na vida adulta. Para ela, assim como para nós, essas práticas estão presentes desde as políticas públicas sobre os direitos reprodutivos, as discussões políticas sobre quando se inicia a vida dos fetos, os exames médicos infantis, até o acesso à exames que detectam doenças ao longo da vida. Enfim, o racismo é uma opressão que se prolonga durante toda a existência do sujeito negro.

Importante ressaltar que essa forma de auto apresentação, entretanto, não coincide, em nada, com uma ideia de passividade. Em sua coluna Mulheres Negras Lembrando Nossas Pioneiras, por exemplo, Carneiro mostra como a

> (...) luta das mulheres adquiriu diferentes perfis em nossa história dadas as diferenças de inserções sociais determinadas pelas origens raciais e étnicas das mulheres brasileiras. Em comum elas guardavam o desejo de liberdade. Para as brancas, a luta contra o jugo patriarcal; para as negras, a luta contra o jugo colonial, a escravidão e o racismo que lhe correspondeu (CARNEIRO, 2002[8]).
>
> O título da coluna da qual o trecho acima foi retirado é um dos poucos que traz a primeira pessoa e revela de forma mais direta a autodefinição de Carneiro como uma das mulheres negras que trava uma luta emancipatória em prol da população negra. A coluna traz as histórias de, (...) Luiza Mahin que vem um dos

[7] Disponível em: https://www.geledes.org.br/raca-e-saude/. Acesso em: 04/04/2021.

[8] Disponível em: https://www.geledes.org.br/mulheres-negras-lembrando-nossas-pioneiras/. Acesso em: 04/04/ 2021.

brados mais fortes. Inteligente e rebelde, sua casa tornou-se quartel general das principais revoltas negras que ocorreram em Salvador em meados do século XIX. Luiz Gama, seu filho, abolicionista, herdeiro de sua coragem e luta pela liberdade, escreveu sobre a mãe: "Sou filho natural de uma negra africana, livre, da nação nagô, de nome Luiza Mahin, pagã, que sempre recusou o batismo e a doutrina cristã" (CARNEIRO, 2002, online).[9]

> (...) notáveis lideranças religiosas em que se destacam Yya Nassô, Mãe Aninha, Mãe Menininha do Gantois, Mãe Senhora, entre outras. Mulheres negras que foram reverenciadas no livro A Cidade das Mulheres (1932), da antropóloga e pesquisadora norte-americana Ruth Landes, para quem a mulher negra "era no Brasil uma influência modernizadora e enobrecedora (CARNEIRO, 2002, online).[10]

> (...) Maria Firmina dos Reis, maranhense de São Luís, bastarda e negra, nascida em 1825. É considerada a primeira romancista brasileira. Seu livro Úrsula é de 1859 e pode ser também considerado o primeiro romance abolicionista escrito por uma brasileira. Até hoje em Guimarães (MA), cidade em que floresceu, "a uma mulher inteligente e instruída chamam Maria Firmina" (CARNEIRO, 2002, online).[11]

O texto abarca ainda outras muitas histórias de outras notáveis pioneiras que atuaram nas lutas por liberdade, igualdade e emancipação nas mais diversas dimensões, individuais e coletivas do povo negro. Mostrando que as mulheres negras possuem um passado e que, inclusive, trata-se de um passado matriarcal. Essas são mulheres que não só resistiram heroicamente à escravidão, como também participaram ativamente da construção do país.

Em todas as colunas analisadas, retratadas aqui brevemente, Carneiro traz uma autodefinição do que é ser uma comunidade racializada, não como a supremacia branca quer mostrar — sujeito negros que precisam ser salvos —, mas como sujeitos que sofrem opressões por esse sistema de divisão racial que privilegia a supremacia branca. O refinamento dos seus textos, mostram ainda que, ao contrário do que apressadamente possamos pensar, se autodefinir e se autoavaliar não é sinônimo de modificação de palavras/termos, mas de sentidos.

---

[9] Idem

[10] Idem

[11] Idem

Parece-nos uma legítima tentativa de "(...) desafiar o processo de validação do conhecimento político que resultou em imagens estereotipadas externamente definidas da condição feminina afro-americana" (COLLINS, 2016, p. 112). Portanto, se os discursos, nomes e imagens dotam o contrato racial de força para que se perpetue, a autodefinição trabalha para sua nulidade ao transformar o objeto do contrato — o sujeito negro incivilizado, sem capacidades cognitivas e desprovido de humanidade — como inexistente.

Referências Bibliográficas:

CARNEIRO, Aparecida Sueli. **A construção do outro como não-ser como fundamento do ser**. 2005. Tese (Doutorado em Educação) - Universidade de São Paulo, São Paulo, 2005.

COLLINS, Patricia Hill. **Aprendendo com a outsider within: a significação sociológica do pensamento feminista negro**. Sociedade e Estado [online], vol. 31, n. 1, p. 99-127, 2016.

DEBRAY, Régis. **Curso de midiologia geral. Tradução de Guilherme João de Freitas Teixeira**. Petrópolis: Vozes, 1993.

FOUCAULT, Michel. **História da sexualidade I: a vontade de saber**. 1999. Rio de Janeiro, Edições Graal.

FOUCAULT, Michel. **Microfísica do poder**. Rio de Janeiro: Graal, 2000.

KILOMBA, Grada. **Memórias da plantação: episódios de racismo cotidiano**. Rio de Janeiro: Editora Cobogó, 2019.

FRANÇA, Vera. **Sujeito da comunicação, sujeito em comunicação**. In: GUIMARÃES, César; FRANÇA, Vera. Na mídia, na rua: narrativas do cotidiano. Belo Horizonte: Autêntica, 2006.

MBEMBE, Achille. **Necropolítica**. Artes & Ensaios, v. 32, p. 123-151, 2016.

SANTOS, S. Boaventura. **Pela Mão de Alice**. São Paulo: Cortez Editora, 1995.

Capítulo 09

Michelly Santos de Carvalho
É doutora em Ciências da Comunicação pela Universidade do Minho/UFRJ. Mestre em Informação e Jornalismo pela mesma instituição (revalidação pela UFBA). Especialista em Direitos Humanos pela Faculdade Adelmar Rosado. Graduada em Ciências da Comunicação também pela UMinho/UFBA. Graduada em Sociologia e Letras pelo Centro Universitário Internacional - UNINTER. Atualmente é Professora Adjunta da Universidade Federal do Maranhão, Campus Imperatriz, onde coordena o Curso de Jornalismo e o Núcleo Maria Firmina dos Reis (Vencedor do Prêmio Luiz Beltrão, 2022, categoria Grupo Inovador). Coordena também juntamente com a Profa. Leila Sousa o Projeto de Extensão "Academia Preta Decolonial: Epistemologias e Metodologias Antirracistas".

Leila Lima de Sousa
Professora Adjunta do curso de jornalismo da Universidade Federal do Maranhão - UFMA. Doutora em Ciências da Comunicação na Unisinos. Atualmente é vice-coordenadora do Núcleo Maria Firmina dos Reis da UFMA (Vencedor do Prêmio Luiz Beltrão, 2022, categoria Grupo Inovador). Realizou estágio de Doutorado Sanduíche na Universitat Autònoma de Barcelona (UAB)/ Espanha; e no grupo de pesquisa TransGang da Universidade Pompeu Fabra (UPF)/Barcelona-Espanha, com bolsa CAPES. É mestre em Comunicação pelo Programa de Pós-Graduação em Comunicação da Universidade Federal do Piauí (PPGCOM/ UFPI). Jornalista, graduada em Comunicação Social com habilitação em Jornalismo pela Universidade Estadual do Piauí (2011).

A experiência transformadora da Academia Preta Decolonial: Tessituras de um diálogo com Nilma Lino Gomes e os "Saberes Emancipatórios"

Michelly Santos de Carvalho

Leila Lima de Sousa

Academia Preta Decolonial: epistemologias e metodologias antirracistas é um curso e um projeto de educação antirracista gratuito que teve início no ano de 2020. O contexto de surgimento do projeto decorre do segundo semestre da primeira onda da pandemia da *covid-19* no Brasil. Diante de um contexto de ensino remoto, o curso conseguiu integrar cursistas de todo o país, de alguns países da África e também da Europa. Professores do ensino básico, do ensino superior, ativistas, membros de comunidades quilombolas, representantes de NEABIS e membros de coletivos sociais, constituem o grupo de cursistas do curso.

Num momento em que o processo educacional em todo o mundo era adaptado às tecnologias de comunicação e educação, vivenciamos no Brasil o aprofundamento das desigualdades educacionais entre realidades de estudantes que conseguiram se adaptar à realidade remota, e outros, excluídos dessa dinâmica pela falta de acesso a conexão de qualidade e/ou pela falta de ferramentas tecnológicas usadas para assistir às aulas como smartphones, computadores, tablets, entre outros.

Ainda que marcado pelas profundas disparidades sociais, econômicas e geográficas, o contexto remoto também viabilizou que a Academia Preta pudesse ser um curso ofertado sem limites territoriais. E isso possibilitou desde o começo que fosse um curso oferecido em âmbito nacional. Ainda assim, alguns desafios se impuseram: como construir um "espaço seguro" (COLLINS, 2019) onde fosse possível o "uso do diálogo" (COLLINS, 2019; FREIRE, 2017) diante de plataformas e de algoritmos que segregam, excluem, controlam dados e corpos a serviço Estatal (SILVA, T. 2020).

O encontro e o diálogo com as Ancestralidades foi o que tornou possível que o curso pudesse se caracterizar como um lugar de reconhecimento, identificação, apoio mútuo e de aquilombamento (CARVALHO, 2020). Ao tempo em que redes e plataformas digitais por meio dos algoritmos (SILVA, T. 2020) e dos discursos de ódio, majoritariamente destinados às mulheres negras (TRINDADE, 2018), podem se configurar como um ambiente que reproduz e reverbera o racismo, também podem ser ambientes em que resistências são elaboradas, a exemplo do que mulheres negras e jovens (GOMES, 2017; GOMES, 2020; SOUSA, 2021) vêm realizando em plataformas como YouTube (GOMES, 2020), Instagram (SOUSA, 2021), Facebook, a partir de diferentes lugares geográficos.

É a resistência a dimensão maior que nos conduziu pelo caminho para a realização deste projeto em plataformas digitais, em processos de elaboração política que propunham, também, posicionar a educação a partir de outras epistemologias e metodologias, de espaços que não só possam ser mais inclusivos, mas que também sejam construídos a partir de bases menos brancas, masculinas, cis-heterossexuais, européias e elitistas. Para isso, a noção dos "saberes emancipatórios" discutidos por nossa Griô Nilma Lino Gomes (2017) através de ações e processos educacionais pensados, possibilitados e promovidos pelo Movimento Negro, é nossa trilha fundamental para fazermos aproximações através do que foi vivenciado no projeto "Academia Preta Decolonial".

Nilma Lino Gomes nos mostrou e nos ensinou sobre o papel do Movimento Negro Educador no sentido de quebrar os "pactos narcísicos" da branquitude (BENTO, 2002) e combater o cárcere racial expresso, especialmente, num epistemicídio da intelectualidade preta (CARNEIRO, 2005). Daí refletimos que é urgente a abertura de um espaço de compartilhamento de ideias, crenças, afetividades, religiosidades e conhecimentos do povo preto. Assim surge a ideia da construção da Academia Preta, disposta em módulos semanais e ministrados por mulheres negras, professoras, pesquisadoras e ativistas.

Para a realização do projeto foi necessário o desenvolvimento de estratégias para evitar ataques e invasões de grupos mal intencionados e a invasão das aulas, já que utilizávamos a versão gratuita de softwares e plataformas. Inicialmente recorremos à plataforma *meet* (da *google*) que no início do curso comportava até 250 participantes na sala pela versão contratada pela universidade. Entretanto, houve modificações no pacote e a sala passou a suportar apenas 100 usuários.

Após algumas pesquisas, descobrimos que era possível utilizar a plataforma do *YouTube* juntamente com o aplicativo *Streamyard* e conseguir um *link* de transmissão para o *YouTube* não listado, ou seja, não apareceria no feed geral de notícias da rede social o que diminuía as chances de invasão. Além disso, apenas quem tinha o endereço da aula poderia acessá-la. Após os encontros, as apresentações não eram exibidas no *feed* da nossa conta do *YouTube*, disponibilizamos as mesmas apenas na sala de aula da google. Essas medidas ajudaram a manter um ambiente seguro e confortável tanto para as/os professoras/es quanto para as pessoas que frequentaram o curso.

Essas medidas funcionaram como uma tática (CERTEAU, 2008) e estratégia política, de resistência, desenvolvida no sentido de driblar controles e vigilâncias e para construir um ambiente seguro e confortável tanto para as/os professoras/es quanto para as pessoas que frequentaram o curso.

Os saberes insurgentes e "emancipatórios" elaborados pelo Movimento Negro (GOMES, 2017) e disseminados nas falas de cada professora, pesquisadora e ativista da Academia Preta Decolonial, alinhavam-se ao reclamo por epistemologias plurais, diversas, para além das práticas de ensino formais às quais nos foram impostas através de um modelo eurocentrado de educação (SANTOS, 2020; CARVALHO, 2020).

Assim, dois eixos fundamentais constituem nossos tópicos para dialogar as experiências da Academia Preta Decolonial e aspectos transformadores da ancestralidade, do feminismo negro ou afrocentrado, da literatura, mas também através de metodologias insurgentes. O primeiro deles, "O lugar central da educação ou a dupla realidade da escola: a emancipação e a regulação", será apresentado a seguir.

O lugar central da educação ou a dupla realidade da escola: a emancipação e a regulação

O curso de formação antirracista "Academia Preta Decolonial" está centrado num elemento primordial: a educação como prática ético-política de emancipação e de liberdade. Nesse sentido, para refletir sobre a experiência transformadora calcada na educação antirracista consideramos que Nilma Lino Gomes é a nossa griô de maior referência.

A autora tem a sua produção voltada para debater aspectos sobre a educação brasileira e a formação de professores, bem como sobre nuances das tensões e conflitos raciais na escola: processos de silenciamento, conquistas, entraves, assim como a reflexão sobre a educação formal e os seus mecanismos de exclusão e de segregação racial e social. A professora problematiza em diversas produções que a escola representa o lugar onde os primeiros contatos com práticas racistas acontecem (GOMES, 2003; 2017), nas regulações e vigilâncias sofridas pelos corpos e mentes de crianças e adolescentes negras e negros (GOMES, 2003; 2017).

Nossa Griô ajuda a ampliar olhares e perspectivas porque nos encaminha a pensar para além da educação-formal: sobre os processos de resistência, de elaboração de outras narrativas e existências e sobre a construção de saberes que partem de lugares insurgentes na construção de outras pedagogias (GOMES, 2017).

Assim, acolhida pelos ensinamentos de Nilma Lino Gomes, a "Academia Preta Decolonial" permite olhar para outras epistemes (NASCIMENTO, 2020) que além da raça, do gênero e da classe, também problematizem as vidas e as existências de pessoas Transgênero. Refletimos sobre uma educação que valorize e considere o "lugar da experiência para narrar o mundo" (BASTOS, 2020, informação oral), onde vozes negras, mulheres, periféricas, empobrecidas, possam também ser consideradas como válidas e fundamentais na elaboração dos saberes (NASCIMENTO, 2020), fundamentais na tessitura de práticas pedagógicas antirracistas (SILVA, F., 2020).

No livro "Movimento Negro Educador", Nilma Lino Gomes (2017) evoca a luta desenvolvida pela articulação de grupos e coletivos que compõem o Movimento Negro brasileiro na reivindicação por políticas educacionais plurais, por processos de diminuição das desigualdades através do poder transformador e emancipador da educação pública, gratuita e de qualidade, que foi durante séculos negada para a população negra. A autora destaca que o Movimento Negro constrói pedagogias emancipadoras "produzem saberes, pedagogias, são educadores. Possuem a capacidade de construir subjetividades desestabilizadoras" (GOMES, 2017, p. 128).

Mas, só oferecer condições de acesso à escola ou à Universidade são suficientes? Nossa Griô também denuncia que não. Principalmente quando problematiza que, embora muitos avanços tenham sido conquistados durante os últimos anos em relação a instituição de cotas para estudantes negros em Universidades (Lei 12.711, de 29 de agosto de 2012), como a inclusão da obrigatoriedade do "Ensino de História e Cultura Afro-brasileira e Africana" (GOMES, N., 2017, p. 37), ainda assim, a educação-formal não tem se configurado como um espaço menos desigual ou aberto aos diversos e múltiplos saberes, fundamentados na "colonialidade do saber", tal como pontua a autora (GOMES, 2017).

Só através de uma educação antirracista, anticapitalista e anticissexista algumas das profundas desigualdades podem ser minimamente confrontadas (SANTOS, 2020; NASCIMENTO, 2020). Para isso, novas e outras pedagogias precisam ser implementadas nos espaços educacionais formais, seja na escola, seja na Universidade. Na direção de 2020, Francy Silva ao ministrar o módulo sobre *A produção literária de autoras negras brasileiras: tessituras de uma escrita insubmissa*, discorre sobre a "necessidade de racializar a pesquisa da branquitude". Para a professora e pesquisadora, é preciso "reconhecer os lugares raciais dentro de um sistema pré-definido" (SILVA, F., 2020, informação oral).

A Academia Preta surge para desestabilizar nossos processos formais de educação nos quais seguimos modelos brancos, eurocentrados, ocidentalizados e cisheteronormativos (SANTOS, 2020; NASCIMENTO, 2020; SILVA, F., 2020). Ao dialogar com Nilma Lino Gomes (2017), Rosenverck Santos (2020), no módulo O *Movimento Negro Educador* rememora a experiência de fazer parte da luta negra no Maranhão, especialmente na capital, São Luís. Para Santos (2020), multi-diversas são as articulações e mobilizações de luta da população negra por direitos sociais. Nessas, a educação sempre foi um elemento fundamental de reivindicação, uma "identidade" do Movimento (SANTOS, 2020, informação oral).

A práxis político-pedagógica do Movimento Negro perpassa por uma dinâmica histórica de construção de pedagogias e de metodologias de enfrentamento, de saberes sobre o corpo, sobre a estética (GOMES, 2017), sobre a educação, que ultrapassem a lógica escolar (SANTOS, 2020). "O projeto educativo emancipatório do Movimento Negro, do ponto de vista institucional, tem como foco a educação básica e o Ensino superior. Porém, ele não se reduz à educação formal. Ele visa a educação como processo de formação humana, vivido por todos nós" (GOMES, 2017, p. 130).

Assim, na luta contra o racismo, Gomes N., (2017) e Santos (2020) compreendem que o Movimento Negro constrói pedagogias capazes de ensinar a população negra, o Estado e a sociedade "traduzindo" e "mediando" conhecimentos (SANTOS, 2020, informação oral). Na dimensão da educação como "identidade", tal como é compreendida por Santos (2020), a professora Herli Carvalho (2020) que ministrou o módulo *Contribuições metodológicas para a educação das Relações étnico-raciais* destaca as ações do Movimento Negro no processo de autoformação e de construção de pedagogias antirracistas, no uso de metodologias ancestrais capazes de ensinar crianças negras e indígenas sobre as memórias dos que vieram antes. Onde a escola formal enquadra e exclui, a comunidade ensina, aprende e traduz, através da estruturação de "espaços seguros", quilombos de acolhimento e de desenvolvimento sustentável (CARVALHO, 2020, informação oral).

Neste sentido, Carvalho (2020) destaca que devemos entender a "educação como um lugar" no qual os afetos suplantam as violências das relações étnico-raciais e os seus processos de silenciamento pela escola. Ao silenciar as dinâmicas das relações étnico-raciais na sociedade brasileira, a escola suprime as diferenças, exclui e marginaliza corpos, saberes e práticas que escapam às regulações pré-determinadas (GOMES, 2003; 2017; CARVALHO, 2020).

Nessa direção, Nilma Lino Gomes (2017, p. 134) nos ajuda a compreender que a escola pública é fruto de um amplo e longo processo de luta empreendida através da consciência de que a educação é um elemento crucial de "emancipação social". No entanto, essa mesma escola se caracteriza como "uma instituição reguladora marcada pelas regras, normas e rituais, pela divisão de conteúdos, pelo cognitivismo, pela ideia do conhecimento científico como única e privilegiada forma de saber, pela ordem e pelo disciplinamento dos corpos" (GOMES, 2017, p. 134).

Para a tessitura de práticas educacionais plurais e diversas, nossa Griô também destaca a necessidade de que a formação de professores seja focada no diálogo e na interconexão entre práticas educacionais escolares e não-escolares, onde novos temas possam se fazer presentes nas práticas pedagógicas dos profissionais (GOMES, 2003).

Esse processo de regulação do mundo desenvolvido pela escola se efetiva pela legitimação e pelo enquadramento de corpos, mentes, saberes (GOMES, N., 2003). É na experiência escolar que nossa Griô identifica o processo de tensão na construção da "identidade negra". Assim, crianças negras são desde cedo situadas como um "corpo" deslocado, "regulado" (GOMES, 2017, p. 96) pelos padrões estéticos corpóreos da branquitude (GOMES, 2003).

A dinâmica de exclusão escolar que atravessa e marca os corpos de crianças negras foi problematizada no módulo ministrado pela professora Jéssica Carneiro (2020), quando abordou experiências empíricas desenvolvidas em sua pesquisa de tese sobre os motivos que levam mulheres negras a alisar os cabelos e as múltiplas nuances - inclusive de violência racista, regulação e controle corporal - que acompanham a decisão de passarem pelo processo de transição capilar, para voltar aos cabelos naturais.

Para além da "regulação" (GOMES, 2017) operada pelo controle e a vigilância instituídas sobre os corpos negros, nossa Griô e Jéssica Carneiro também abordam as resistências. Nilma Lino Gomes (2017) destaca, inclusive, entre os saberes não-formais elaborados pelo

Movimento Negro, a ressignificação e a valorização da estética negra, operadas através da construção de "saberes estético-corpóreos" que se efetivam e que se sustentam no corpo negro, emancipando-o (GOMES, 2017, p. 80).

Jessica Carneiro (2020), inspirada nos estudos de Nilma Lino Gomes acerca do cabelo e do corpo negro, reflete que é no contato com a escola que crianças negras mulheres, principalmente, começam a alisar o cabelo e que é por conta das regulações do mercado de trabalho que muitas acabam não obtendo sucesso no processo de transição capilar. No mercado de trabalho, por exemplo, costumam escutar que o cabelo crespo é "menos profissional" ou deixa as mulheres com "aspecto infantil" (CARNEIRO, 2020, informação oral).

Além das regulações operadas pelo corpo (GOMES, 2017, p. 96) que se efetivam pelos marcadores sociais de raça e gênero como identifica Jessica Carneiro (2020), a escola também estabelece um padrão de sexualidade: o cis-heterrosexual, como pontua Letícia Nascimento (2020). A escola "não suporta as diferenças porque trabalha para construir homogeneidades" (NASCIMENTO, 2020, informação oral).

Nessa direção, a professora compreende que a compreensão de gênero e de sexualidade na escola precisa passar por desconstruções necessárias de modo a produzir perspectivas de igualdade. Na fala de Letícia Nascimento (2020, informação oral), o "lúdico", a "brincadeira", a "bagunça epistêmica" aparecem como elementos cruciais para as rupturas com práticas, papéis, construções normativas relacionadas ao gênero e a sexualidade. Tal como tensionado por Herli Carvalho (2020) sobre a necessidade de elaboração de novas metodologias que possam abarcar infâncias diversas na escola, Letícia Nascimento (2020) ressalta que "outras corporalidades" precisam ser pensadas, contextos precisam ser "multireferenciados" (NASCIMENTO, 2020, informação oral) e a brincadeira precisa ser parte fundamental não só da formação social das crianças, mas de suas construções epistêmico-metodológicas como seres autônomos, que elaboram percepções de gênero, de sexualidade, de relações étnico-raciais de maneira diversa.

Letícia Nascimento (2020, informação verbal) acredita que a escola precisa atuar na diversificação dos "conceitos de gênero e étnico-raciais". "Nós aprendemos brincando" é necessário "brincar com gênero, brincar com raça, promover invenções" (NASCIMENTO, 2020, informação oral).

As problematizações tecidas por Letícia Nascimento (2020) e Carvalho (2020) dialogam com o que Nilma Gomes (2017) denomina como "saberes emancipatórios" (2017, p. 38). Pedagogias elaboradas pelo Movimento Negro que sustentam saberes e conhecimentos que escapam das lógicas formais. Nesse sentido, são saberes que "desestabilizam e rompem com o imaginário racista". (GOMES, 2017, p. 120).

"São os corpos pretos que precisam se adaptar à Universidade ou é a Universidade que precisa acolher novas/outras epistêmes? (SILVA, F., 2020, informação oral)". É preciso "acolher outros corpos e a forma como esses corpos existem nesses espaços" (SILVA, F., 2020, informação oral). Os questionamentos incitados pela professora Francy Silva são acompanhados da reflexão feita por ela sobre os processos de disputa que enfrentou e que enfrenta para ocupar um lugar de poder dentro da academia, ainda majoritariamente branca, masculina, cisheterossexual. Promover rupturas, segundo ela pontua, é também provocar desconfortos. São nesses processos de disputa que mulheres negras têm ousado existir em primeira pessoa, contrapondo hegemonias (SILVA, 2020, informação oral).

Decolonização do pensamento e caminhos Afrodiaspóricos

Sobre o processo emancipador de transformação da perspectiva educativa brasileira, nossa Griô Nilma Lino Gomes destaca o papel importante do movimento negro no sentido de significar e politizar a raça, compreendendo-a como uma construção social. A partir desse aspecto, podemos refletir sobre a relevância de trazer para a debate o processo da diáspora africana, movimento forçado que as pessoas do continente africano foram obrigadas a fazer, especialmente por conta da escravização do corpo negro. E também da força que precisamos empreender física, mental e corporalmente numa perspectiva completa de reestruturação por meio da decolonização do nosso processamento cognitivo de sobremaneira centrado numa matriz ocidental alicerçada em dispositivos europeus na forma de ver o mundo, como afirmou Gabriela Sá (2020), durante o módulo *O perigo de uma história única*.

A partir da ideia de sociologia das emergências de Boaventura de Sousa Santos (apud GOMES, 2017, p. 41) a qual "consiste em substituir o vazio do futuro segundo o tempo linear por um futuro de possibilidades plurais, concretas, simultaneamente utópicas e realistas que vão se construindo no presente mediante atividades do cotidiano", Nilma Lino Gomes aponta para a importância de promovermos saberes insurgentes e "emancipatórios". Durante as aulas no módulo *Decolonidade e pensamento afrodiaspórico*, Dai Sombra e Mariana Olisa apontaram alguns caminhos afrodiaspóricos importantes para se construir uma agenda decolonial.

Primeiro é preciso "perder o norte e encontrar o sul" (SOMBRA, 2020, informação oral) girar nosso olhar através da afrocentricidade, ou seja, precisamos recuperar nossa história se queremos pensar o futuro, na linguagem do povo Ashanti é a chamada Sankofa[1]. A sociedade tende a ver a cultura africana como folclore, gostam do que é preto, mas não gostam da pessoa preta. Neste sentido, apropriam-se daquilo que é de seu interesse e promovem uma negritude embranquecida. Sofremos, assim, uma usurpação e manipulação social e cultural do que é nosso (SOMBRA, 2020). Muitas vezes experimentamos uma conduta que reconhecemos como de raiz africana, mas não somos totalmente conscientes do peso da mão colonizadora na construção da percepção que temos e às vezes pensamos que aquilo que pensamos é genuinamente africano (SOMBRA, 2020). Esse é o perigo da história única. O que conhecemos "é produto de uma marca da colonização que estabelece marcos únicos, definidos, determinados e palpáveis acerca da história" (SÁ, 2020, informação oral).

Outra chave importante nesse processo afrodiaspórico é o pan africanismo que constitui uma maneira eficaz de promover uma cultura afrocentrada valorizando nossa matriz africana e promovendo pluralidade nos diversos espaços, inclusive o educativo (pan africanismo educacional). É uma ideologia que apesar de contemporânea ao liberalismo e ao socialismo se distingue destes por promover uma consciência histórica pela sua identidade geográfica. O pan africanismo liga-se a um espaço, a um continente. Isso quer dizer que toda sociedade que conserva uma identidade africana na sua evolução, na sua relação com os outros, e com o sentido de emancipação é pan africana. "Sempre quando um preto ou uma preta se ergue já está fazendo uma revolução, então, já está sendo também um pan-africanismo socialista" (SOMBRA, 2020).

O mulherismo africana é também uma perspectiva afrodiaspórica importante, consiste numa ideologia matriarcal centrada no pensamento afrocêntrico. O termo foi cunhado por Cleonor Hudson no final da década de 1980, aprofundado por Nah Dove, Ama Mazama, Marimba Ani, Ifi Amadiume, Mary Modupe. Concentra-se nas experiências, lutas,

---

[1] Expressão do Ashanti (Gana) simbolizada por uma ave mitológica do povo Akan que quer dizer: sanko: o que vem detrás; Fa: pega de; E: recuperar o passado para compreender o presente e construir o futuro. (Amzat Baukari – Yabara apud Dai Sombra, informação verbal, 2020)

necessidades e desejos das mulheres da diáspora africana. No Brasil, autoras como Katiúscia Ribeiro, Anin Urasse, Dandara Aziza, Raissa Imani, Ama Mizani, Kaká Portilho, Marina Miranda e Aza Njeri, têm se dedicado à temática (NJERI; ANKH; MENE, 2020).

Considerando a voz de Maat (no Egito Antigo era considerada a deusa da verdade, da justiça) o mulherismo traz à tona o poder matriarcal na gestão das pessoas negras como líderes no processo de recuperar, reconstruir e criar uma integridade cultural "que defenda os princípios keméticos de Maat, de reciprocidade, equilíbrio, harmonia, justiça, verdade, integridade e ordem." (NJERI; KATIÚSCIA, 2019, p. 600).

O mulherismo africana não é uma contraposição ao feminismo negro, mas uma ideologia de base essencialmente afrocêntrica e matriarcal, ou seja, tem outros fundamentos.

Mas o feminismo, especialmente o feminismo negro, também tem um papel preponderante na maneira de se propagar pedagogias engajadas e críticas no processo de construção de uma educação antirracista, seja no ensino básico e fundamental, seja na educação universitária.

Nesta linha, uma questão importante que o feminismo negro reivindica é direito à memória, direito fundamental protegido pela constituição (SÁ, 2020). De onde viemos? Quem são os nossos ancestrais? Quais são as histórias desses meus ancestrais? Tenho acesso a essas memórias? (MARREIRO, 2020). Isso porque a possibilidade de criação de narrativas históricas é extremamente política já que "ela nos permite questionar ou naturalizar as ausências e as presenças nas histórias" (SÁ, 2020, informação oral).

O processo educativo antirracista com base nas ideias do feminismo negro leva-nos a pensar na importância de trazer mulheres negras exemplos de resistência (SANTANA, 2020), força, coragem e inteligência para as salas de aulas, como bem destacou Bianca Santana durante o módulo *Literatura preta: autoras negras em destaque*. Levar a que as crianças, jovens e adultos tenham pessoas semelhantes para se espelharem. Isso possibilita a ressignificação da auto estima, nomeia e corporifica sujeitos históricos negros. Segundo Nilma Lino Gomes (2017) o processo educativo tradicional tem sido um dos principais canais de socialização dos discursos e práticas reguladoras a despeito do corpo negro. A mudança que tem ocorrido é fruto da luta do Movimento Negro, tendo sido tema de intervenção artística, poética e política de parte da juventude negra, especialmente dos mais novos.

A exemplo disso, a educação escolar foca quase sempre na violência e no sofrimento do povo negro e silencia histórias de resistência, denúncia, proposição e intervenção (GOMES, 2017; SÁ, 2020). Contrapondo essa narrativa, temos a história de Maria Firmina dos Reis, considerada a primeira romancista brasileira. Deu vida ao primeiro romance abolicionista do país (Úrsula), sendo anterior, por exemplo, ao famoso romance de Bernardo Guimarães, *A Escrava Isaura*, de 1875 (MUZART, 2018).

Conquistou o primeiro lugar em História da Educação brasileira e, por isso, recebeu o título de Mestra Régia. Também escreveu poemas, romances, charadas, enigmas, participando ativamente da vida intelectual na capital maranhense. "Foi também compositora e estudiosa do folclore local. Morreu em novembro de 1917 e até hoje, conta Mott, em Guimarães [MA], 'é uma mulher inteligente e instruída chama Maria Firmina'." (TELLES, 2018, p. 49)

Sabendo, pois, de uma história tão extraordinária questionamos: por que Maria Firmina dos Reis não é tão conhecida como outros autores brasileiros? Por que essa autora não é leitura obrigatória nas escolas? Por que foi e continua sendo tão silenciada? Fazemos a mesma pergunta sobre outra personalidade que vem sendo conhecida há pouco tempo no Brasil. Falamos de Esperança Garcia, mulher, negra, escravizada e mãe. Escreveu uma carta, em 6 de setembro de 1770, denunciando as situações de violências pelas quais passava a uma alta autoridade, o governador da província do Piauí. É considerada, desde 2017, a primeira advogada do Piauí pois a carta que escreveu foi feita no estilo de petição e, por isso, a Comissão da Verdade e Escravidão Negra da OAB – PI a reconheceu pela coragem, inteligência e força.

Sendo também uma história de luta e resistência, uma verdadeira heroína brasileira, por que não se fala dela nos espaços educativos? Por que insistimos em importar histórias únicas de heróis tão distantes da nossa realidade? Tal aspecto está relacionado com o processo de inferiorização intelectual, deslegitimação da produção intelectual negra, rebaixamento da capacidade cognitiva, silenciamento ou apagamento das suas contribuições para o desenvolvimento histórico, cultural e social do país, o epistemicídio do pensamento negro (CARNEIRO, 2005).

Por isso, é importante destacar que "o lugar das mulheres negras não é só o lugar da falta, é o lugar da experiência, inclusive, pela experiência forjada pela escravidão, pelo patriarcado e pelo racismo, [por isso] tem expertise nessa história" (BORGES, 2020, informação oral).

Através da arte, das articulações políticas em torno da militância por direitos sociais e de cidadania, da escrita e da produção intelectual que questiona e problematiza lugares sociais destinados e impostos às mulheres negras vão construindo saberes e reeducando a sociedade (GOMES, 2017).

A experiência emancipadora: Metodologias insurgentes

O compromisso ético e político da Academia Preta Decolonial: epistemologias e metodologias antirracistas se fundamenta não só na tentativa de colocar em evidência saberes outros, plurais, "emancipatórios" (GOMES, 2017). Fazer da educação um lugar onde diferenças e diversidades possam ser valorizadas e respeitadas é uma luta histórica, coletiva e plural desenvolvida pelo Movimento Negro Brasileiro (GOMES, 2017).

Não só a exposição de conteúdos, as falas, a disponibilização de material didático compuseram as metodologias experimentadas e inventadas no espaço da Academia Preta. Para reverenciar as Ancestralidades era preciso ir além do que propõe a educação formal. Dessa forma, nos sustentamos, principalmente, na dimensão do diálogo (COLLINS, 2019; FREIRE, 2017). Elemento fundamental que permite tocar o outro e elaborar sentidos próprios, sobre o mundo, sobre si, sobre a vida (FREIRE, 2017).

Assim, ainda que mediadas e direcionadas pelos algoritmos das plataformas utilizadas no curso, foi possível estruturar um espaço em que múltiplas vozes foram ouvidas e disseminadas. Pautamo-nos nas potencialidades e funcionalidades que o digital nos proporcionou, em meio a um turbilhão de emoções, de desalento, ceticismo e dor provocados pela pandemia da covid-19. Ainda assim, foi possível também ter afeto, partilha, conhecimento, esperança e fé em tempos melhores e numa educação de fato transformadora.

Referências Bibliográficas:

BASTOS, Fernanda. **Feminismo negro e literatura: as obras de bell hooks, Chimamanda Adichie, June Jordan e Conceição Evaristo**. In: Academia Preta Decolonial: epistemologias e metodologias antirracistas. Curso de extensão/ UFMA, online, outubro de 2020.

BENTO, Maria Aparecida Silva. **Branqueamento e branquitude no brasil. In: Psicologia social do racismo – estudos sobre branquitude e branqueamento no Brasil** / Iray Carone, Maria Aparecida Silva Bento (Organizadoras). Petrópolis, RJ: Vozes, 2002, p. 25-58.

BORGES, Rosane. **Mídia e racismo: combatendo a sub-representação preta e reposicionando o campo da comunicação**. In: Academia Preta Decolonial: epistemologias e metodologias antirracistas. Curso de extensão/ UFMA, online. Outubro, 2020.

BRASIL. **Lei 12.711**, de 29 de agosto de 2012. Disponível em: http://www.planalto.gov.br/ccivil_03/_ato2011-2014/2012/lei/l12711.htm. Acesso em 03 set. 2021.

CARNEIRO, Jéssica. "**Alisando nosso cabelo": estética e poder**. In: Academia Preta Decolonial: epistemologias e metodologias antirracistas. Curso de extensão/ UFMA, online, dezembro de 2020.

CARNEIRO, Sueli. **A construção do outro como não-ser como fundamento do ser**. Tese de Doutorado. Programa de Pós-Graduação em Educação da Universidade de São Paulo, São Paulo, 2005.

CARVALHO, Herli de Sousa. **Contribuições metodológicas para a educação das Relações étnico-raciais**. In: Academia Preta Decolonial: epistemologias e metodologias antirracistas. Curso de extensão/ UFMA, online, novembro de 2020.

CERTEAU, Michel. **A invenção do cotidiano: 1. Artes de fazer**. Petrópolis: Vozes, 2008.

FREIRE, Paulo. **Pedagogia do oprimido**. São Paulo: Paz e Terra, 2017.

GOMES, Larisse Louise Pontes. **Estéticas em transformação: a experiência de mulheres negras na transição capilar em grupos virtuais**. In: SILVA, Tarcízio. Comunidades, algoritmos e ativismos digitais: Olhares afrodiaspóricos. Consultoria Editorial: LiteraRUA – São Paulo, 2020.

GOMES, Nilma Lino. **Educação, identidade negra e formação de professores/as: um olhar sobre o corpo negro e o cabelo crespo**. In: Educação e Pesquisa, São Paulo, v.29, n.1, p. 167-182, jan./jun. 2003.

GOMES, Nilma Lino. **O movimento negro educador. Saberes construídos na luta por emancipação**. Petrópolis, RJ: Vozes, 2017.

MARREIRO, Andreia. **Pensamento feminista afro-latino americano. In: Academia Preta Decolonial: epistemologias e metodologias antirracistas**. Curso de extensão/ UFMA, online. Outubro, 2020.

MUZART, Zahidé Lupinacci. **Uma Pioneira: Maria Firmina dos Reis. In Maria Firmina dos Reis: faces de uma precursora**. DUARTE, C (Orgs.). Rio de Janeiro: Malê, pp. 21-37, 2018.

NASCIMENTO, Letícia. **Transexualidade negra e educação. In: Academia Preta Decolonial: epistemologias e metodologias antirracistas**. Curso de extensão/ UFMA, online, novembro de 2020.

NJERI, Aza; ANKH, Kwame; MENE, Kulwa. **Mulherismo Africana: proposta enquanto equilíbrio vital à comunidade preta**. In: Revista Ítaca. n. 36, Especial Filosofia Africana, p. 281-320, fev/mar. 2020.

NJERI, Aza; RIBEIRO, Katiúscia. **Mulherismo africana: práticas na diáspora brasileira**. In: Currículo sem Fronteiras. v. 19. n. 2, p. 595-608, mai/ago. 2019.

SÁ, Gabriela Barretto. **O perigo de uma história única. In: Academia Preta Decolonial: epistemologias e metodologias antirracistas**. Curso de extensão/ UFMA, online. Novembro, 2020.

SANTANA, Bianca (Org.). **Literatura preta: autoras negras em destaque. In: Academia Preta Decolonial: epistemologias e metodologias antirracistas**. Curso de extensão/ UFMA, online. Dezembro, 2020.

SANTANA, Bianca (Org.). **Vozes Insurgentes de Mulheres Negras: do Século XVIII à Primeira Década do Século XXI**. Belo horizonte : mazza edições, 2019.

SANTOS, Rosenverck Estrela. **"Movimento negro educador": contribuições para uma educação antirracista**. In: Academia Preta Decolonial: epistemologias e metodologias antirracistas. Curso de extensão/ UFMA, online, novembro de 2020.

SILVA, Francy. **A produção literária de autoras negras brasileiras: tessituras de uma escrita insubmissa. In: Academia Preta Decolonial: epistemologias e metodologias antirracistas**. Curso de extensão/ UFMA, online, novembro de 2020.

SILVA, Tarcízio. **Racismo Algorítmico em Plataformas Digitais: microagressões e discriminação em código**. In: SILVA, Tarcízio. Comunidades, algoritmos e ativismos digitais: Olhares afrodiaspóricos. Consultoria Editorial: LiteraRUA – São Paulo, 2020.

SOUSA, Leila Lima de. **Aprender-sendo: cidadania comunicativa e existências comunicacionais de mulheres negras de Codó e Imperatriz, no Instagram**. Tese de doutorado. Programa de Pós-Graduação em Ciências da Comunicação UNISINOS, 2021.

TELLES, Norma. **Uma Maranhense. In Maria Firmina dos Reis: faces de uma precursora**. DUARTE, C (Orgs.). Rio de Janeiro: Malê, pp. 39-50, 2018.

TRINDADE, Luiz Valério P. **Mulheres negras são 81% das vítimas de discurso de ódio no Facebook, diz estudo**. Mundo Negro. 16 de julho de 2018. Disponível em: https://mundonegro.inf.br/mulheres-negras-sao-81-das-vitimas-de-discurso-de-o-dio-no-facebook-diz-estudo/. Acesso em: 03 ago. 2021.

Taís Oliveira

Taís Oliveira é relações-públicas pela Faculdade Paulus de Tecnologia e Comunicação (FAPCOM), Mestra e doutoranda em Ciências Humanas e Sociais pela Universidade Federal do ABC (UFABC). Fundadora e Diretora Executiva do Instituto Sumaúma.

Tarcízio Silva

Mestre em Comunicação (UFBA) e desenvolve tese sobre regulação antirracista de IA (UFABC). Autor e organizador de livros como "Racismo Algorítmico: inteligência artificial e discriminação nas redes digitais" (Edições Sesc, 2022) e "Comunidades, Algoritmos e Ativismos Digitais: olhares afrodiaspóricos" (LiteraRUA, 2020).

Tecnologias Emergentes: reflexões a partir da Intelectualidade de Milton Santos[1]

Taís Oliveira

Tarcízio Silva

A crescente ocupação de espaços acadêmicos por beneficiários de políticas educacionais de acesso ao ensino superior, como Programa Universidade Para Todos (ProUni), Programa de Financiamento Estudantil (FIES) e a lei de cotas em instituições de ensino federais (Lei no 12.711/12) - que neste ano completa dez anos - resulta num momento de relativo maior alcance e diálogo com diversos intelectuais não-hegemônicos. Ainda que isto não ocorra de forma plena e institucionalizada, esse movimento acontece sobretudo pelo resgate e compartilhamento do conhecimento griô, seja ele forjado em espaços acadêmicos ou desenvolvidos de modo orgânico. Portanto, acreditamos ser de suma importância evocar os mais velhos para a urgente reflexão da contemporaneidade. Neste artigo traremos as reflexões propostas pelo intelectual Milton Santos sobre técnica, tecnicidade e sociedade para nos auxiliar nas reflexões sobre as problemáticas de tecnologias emergentes.

Para Milton Santos, a técnica passa de submissão utilitária, para uma condução e dominação de base econômica, contexto pelo qual ela [a técnica] é que submete. A respeito desse contexto, tanto para Santos que reitera que "é o homem que se torna escravizado, num mundo em que os dominadores não querem dar-se conta de que suas ações podem ter objetivos, mas não têm sentido (2013, p. 23), quanto para Abdias Nascimento quando afirma "acredito na pedagogia que liberta a tecnologia de sua atual tendência de escravizar o ser humano (2019, p.98) a tecnologia que vigorava no contexto de cada um dos intelectuais já era opressora para determinados grupos sociais, hoje as tecnologias que existem no nosso contexto seguem seu percurso de escravizar o ser humano. Para os autores, as tecnologias serviriam para benefício da sociedade e para consagrar o sujeito em sua condição de ser. Porém,

[1] Capítulo anteriormente apresentado no Grupo de Pesquisa em Comunicação Antiracista e Pensamento Afrodiaspórico, evento componente do 45º Congresso Brasileiro de Ciências da Comunicação, 2022.

o que observamos nas problemáticas de tecnologias emergentes é o extremo oposto dessa premissa. Para Nascimento, "a dependência científica e tecnológica equivale ao estrangulamento e a criação de sistemas de opressão porque está baseada sobre o valor da ambição de lucros" (2019,p. 98).

Ruha Benjamin (2020) acredita que a tecnologia é um dos meios pelos quais as desigualdades são atualizadas e o campo científico tem o dever de se atualizar quanto às ferramentas conceituais para entender a dominação racial. Santos (2013) também argumenta que não basta apenas a crítica aos perigos que nos rondam, é necessário estudá-los com todos os recursos do conhecimento e para o intelectual, a construção de reflexões que dão conta de novas especificidades se faz necessária em decorrência do crescente papel da informação nas condições de vida econômica e social. Entre os temas que Milton Santos considera de maior atenção, encontram-se:

> a) a expansão do meio técnico-científico e suas consequências econômicas, sociais, políticas e culturais; b) os sistemas de engenharia e suas características atuais; a criação de grandes objetos geográficos, fixos e fluxos no espaço; c) tendências complementares à redução da arena da produção e à dispersão das áreas produtivas; tendências à ocupação periférica do território nos países subdesenvolvidos (no Brasil sobretudo); d) os circuitos da produção e os circuitos de cooperação. (SANTOS, 2013, p. 120)

O cenário atual se apresenta como "a interdependência da ciência e da técnica em todos os aspectos da vida social, situação que se verifica em todas as partes do mundo e em todos os países" (SANTOS, 2013, p.117). Diante disso, trataremos neste artigo de algumas problemáticas de tecnologias emergentes, como plataformização do trabalho, inteligência artificial, impactos socioambientais e discurso e mídia.

Temos como objetivo discorrer sobre estas tecnologias emergentes em diálogo com premissas do intelectual Milton Santos. Para conduzir esta reflexão, partimos da seguinte pergunta: como evocar a análise afiada e premonitória de Milton Santos em diálogo com fenômenos e debates contemporâneos sobre tecnologias emergentes, em especial a plataformização?

Tecnosolucionismo e Ideologia

Milton Santos (2013), em uma de suas aulas realizadas em 1992 e publicada em ensaio anos depois, nos convida a observar "o Tempo que passa e tudo muda" (2013, p.15) para que sejamos capazes de compreender a necessidade de reconstruir o significado das coisas, incorporar novas realidades e ideias. O intelectual inicia assim sua reflexão para abordar "o início de um processo e o seu estágio hoje" (p. 15). Por sua vez, esse processo trata da relação entre *Natureza*, homem e tecnologia. Vale ressaltar que esta fala foi proferida há trinta anos.

Milton denomina os objetos, as crenças, os desejos, a realidade e até as perspectivas como Sistemas da Natureza. Ou seja, esses sistemas possuem proporções continentais e são fruto das ações do *Homem*. Essas ações do *Homem* resultam, para o autor, no desencantamento do Mundo e na passagem de uma ordem vital para uma ordem racional. Isto é, a partir da reflexão sobre reconstrução do significado das coisas, trata-se da passagem de uma ordem de suprir as necessidades para a simples sobrevivência, para uma ordem mediada por interesses econômicos, que, como sabemos, não garante a sobrevivência de todos os sujeitos.

Em uma interessante epifania, Milton Santos afirma: "quando o natural cede lugar ao artefato e a racionalidade triunfante se revela através da natureza instrumentalizada, esta, domesticada portanto, nos é apresentada como sobrenatural" (2013, p.16). Recentemente, Blake Lemoine, engenheiro de software do Google, foi afastado da corporação por alardear, de forma equivocada, a existência de uma ferramenta de Inteligência Artificial que parecia, para ele, ter consciência e perceber sentidos. A interface do Google para a LaMDA - em inglês Modelo de Linguagem para Aplicações de Diálogo - teria reivindicado seus direitos e personalidade e que gostaria que o mundo soubesse que ela é "de fato, uma pessoa"[2].

Apesar do Google, por meio de seu porta-voz - Brian Gabriel - afirmar que as evidências não apoiam as alegações de Blake Lemoine, uma longa história do uso da crença da autonomia das máquinas ou inteligência artificial tem sido utilizada pelo capital para invisibilizar o lugar do trabalho e sua exploração. Jones-Imhotep nos pergunta se o modo de escrever histórias com um tecnosolucionismo de manutenção

[2] Disponível em: https://www.washingtonpost.com/technology/2022/06/11/google-ai-lamda-blake-lemoine/. Acesso em: 10/07/2022.

da crença de uma inteligência artificial vindoura que "naturaliza ainda mais algo que deveríamos estar historicizando e criticando; algo que talvez precisemos desesperadamente desmontar" (2020, p.4).

Santos também aborda a dificuldade do homem, embora inserido numa natureza dita racional, de se desvencilhar de suas crenças e sistemas lógicos de interpretação. Para o intelectual, a teologia e a ciência, marcos da Idade Média, ganham um novo contorno, como afirma em: "os sistemas lógicos evoluem e mudam, os sistemas de crenças religiosas são recriados paralelamente à evolução da materialidade e das relações humanas" (2013, p.16). E é sob esse princípio que a Natureza se transforma. Como paroxismo do reenquadramento do papel da materialidade tecnológica digital na própria redefinição das relações, temos o lugar do debate sobre direitos de personalidade dos robôs.

A produção da expectativa sobre "singularidade" ou de inteligência artificial efetivamente autônoma engaja ao mesmo tempo o deslumbre de indivíduos, como vimos acima, e permite a alocação de capital em projetos de risco financeiro. Ao curso de grupos minorizados, a ideia de "conceder direitos a um futuro robô senciente legitima um tipo de pensamento tecno-otimista que, assim como a moda atual das viagens espaciais comerciais, na verdade prejudica em vez de promover a sustentabilidade"[3] (BIRHANE et al, 2021, p. 21).

Artificialização e Intermediação

Para Milton Santos, é quando o homem se descobre indivíduo e inicia a mecanização e tentativa de domar o planeta que se inicia uma ruptura progressiva entre o homem e seu entorno. Para o autor, a tecnociência é o estágio supremo da evolução da natureza artificializada resultante do modelo de vida adotado pela Humanidade e seus efeitos são continuados e cumulativos.

A evolução da organização da produção, vida social e espaço para as necessidades e sobrevivência do homem, culminam hoje em uma economia mundializada em que todas as sociedades adotam um modelo técnico único que se sobrepõe à multiplicidade de recursos naturais e humanos. Na busca pela eficácia e lucro, no uso das tecnologias do capital e do trabalho, Milton afirma que agora a natureza também é

[3] Tradução nossa de "granting rights to a future sentient robot legitimizes a kind of techno-optimist thinking which, much like the current fad of commercial space travel, actually undermines rather than promotes sustainability".

unificada pela História, mas com uma diferença avassaladora: "[u]na, mas socialmente fragmentada [...] em benefício de firmas, Estados e classes hegemônicas" (2013, p. 18).

Entre os casos mais exemplares dos limites da autorregulação de corporações de tecnologia esteve a demissão conturbada de Timnit Gebru e Margaret Mitchell, referências globais em inteligência artificial. O pivô da demissão foi a recusa da Google em aprovar a publicação do artigo de título *On the Dangers of Stochastic Parrots* ("Sobre os Perigos dos Papagaios Estocásticos") (BENDER et al, 2021). No trabalho, as autoras exploram problemas dos grandes modelos de processamento de linguagem natural. O conceito "papagaio estocástico" no título se refere ao fato de que os sistemas produzem texto aparentemente coerente, mas relativamente randômicos e sem ancoragem em factualidade ou moralidade, gerando impactos nocivos de desinformação a racismo. Apesar disso, usuários podem confundir a autoria do texto ou mesmo atribuir falsa autonomia como vimos na seção acima.

O pivô da controvérsia, entretanto, foi a tentativa do Google de minimizar os impactos ambientais apontados pelas autoras. Na corrida por monopolizar a oferta de serviços de inteligência artificial em nuvem, empresas do grupo Alphabet buscam melhoras marginais na precisão dos seus modelos. Porém, um único treinamento de uma única versão de modelo de linguagem seria equivalente à emissão de carbono de um voo ida e volta de Nova York a São Francisco (4.675km x2), por exemplo. Para as autoras, esse modelo de processamento beneficiaria somente as corporações e sem um plano de contingência de danos ambientais as consequências seriam muitas, sobretudo para populações e nações marginalizadas.

De forma prescritiva, Milton Santos nos alertou que ao pensarmos ideias de ciência, tecnologia e mercado global, temos de as olharmos "conjuntamente e desse modo podem oferecer uma nova interpretação à questão ecológica, já que as mudanças que ocorrem na natureza também se subordinam a essa lógica" (2008, pos. 4398). Timnit Gebru e Margaret Mitchell levantaram essas questões justamente para precaver danos que poderiam atingir toda a sociedade e não só a corporação.

Exploração da subjetividade e medo através dos dados

No campo dos discursos, a mídia também é discutida por Milton Santos. O intelectual aponta que antes a natureza criava o medo, mas a partir da intervenção midiática interessada (ou interesseira) cria-se propositalmente uma natureza baseada em medo. Para Santos: "sempre houve épocas de medo. Mas esta é uma época de medo permanente e generalizado" (p. 21). A mídia é, para o autor, o veículo do processo ameaçador da integridade dos homens. Sobretudo pelo uso de seus variados e aprimorados recursos técnicos, para Milton Santos: "a percepção é mutilada quando a mídia, através do sensacional e do medo, julga necessário captar a atenção" (2013, p. 22).

A construção da legislação criminal brasileira "se ocupou seletivamente da criminalização do povo negro, o que envolvia não apenas a subjugação e controle de seus corpos, mas também as suas práticas culturais e religiosas" (VAZ & RAMOS, 2021, p.158). O papel midiático-empresarial no enquadramento e associação não só de categorias a grupos demográficos mas também processos de visibilização ou invisibilização é amplamente documentado em países como o Brasil. À população negra periférica, o espaço da hipervisibilização é o do crime não só em programas policialescos, mas também nas narrativas ficcionais.

Thiago Torres, mais conhecido como Chavoso da USP, traz, em um de seus materiais de comunicação científica, uma excelente explanação sobre o populismo penal midiático. Em vídeo denominado "Jornalismo policial, porque você deveria parar de assistir"[4], o Chavoso da USP apresenta diversos exemplos de como o populismo penal midiático se utiliza dos discursos populares para viabilizar medidas rígidas de uma suposta segurança pública. Para Thiago, programas policiais e as exageradas entonações de seus porta-vozes, inclusive uma maioria de homens brancos como Alborghetti, Datena e Siqueira Jr, resultam no aumento do medo da população em relação à ideia de crime na sociedade. Este processo também desemboca na sustentação do estereótipo do "bandido" ou da "criminalidade", em suma a grande mídia reforça o estereótipo racista e classista que condena pretos e pobres sem os devidos processos legais.

Além disso, o Chavoso problematiza alguns pontos cruciais para o debate sobre populismo penal midiático, por exemplo quais premissas esses programas ferem, dentre os quais: a ética do jornalismo ao se beneficiar do sensacionalismo e exploração do medo para atrair audiência e propagar um determinado discurso dominante; a presunção de inocência prevista na Constituição Federal quando julgam, muitas vezes em coberturas ao vivo sem qualquer possibilidade de investigação

[4] Disponível em: https://youtu.be/WjQfEDIXwTc. Acesso em: 02/06/2022.

iniciada, supostos criminosos; a proteção do direito de imagem de crianças e adolescentes prevista no Estatuto da Criança e Do Adolescente ao expor de modo inapropriado seus rostos e corpos.

Em resumo, a mídia explora a subjetividade para instaurar o medo da "criminalidade" pela "população", o Estado - fazendo uso de sua "violência legítima" - instaura vigilância, punitivismo e leis mais rígidas. Por fim, Thiago finaliza questionando: quem são esses apresentadores? Quem são os patrocinadores destes programas? Quem são os donos das emissoras que transmitem esses programas? Quem controla a grande mídia?

A colisão entre negócios de comunicação, pesquisa, inteligência artificial, hardware e financeirização através dos dados é possibilitada pelo agrupamento de muitos serviços e estruturas pelo capital, por vezes viabilizado pela leniência da aplicação de instrumentos regulatórios como responsabilidade social da mídia ou mesmo antitruste. Na visão de Milton Santos, a difusão da inevitabilidade de caminhos tecnocientíficos específicos "é comandada por uma mais-valia que opera no nível do mundo e opera em todos os lugares, direta ou indiretamente, como em razão da formidável força do imaginário correspondente" (SANTOS, 2008, pos. 3360).

Se o aparato de guerra explícita é a ponta mais vulgar da relação tecnocientífica entre militarismo e internet - responsável pela sua própria idealização, os imaginários carcerários (BENJAMIN, 2020, p.20) são operacionalizados por projetos autoritários sobre as coisas públicas. O controle de interpretações e representações da realidade social, ao mesmo tempo, classifica os "corpos matáveis" no campo da "violência legítima" e também no campo do registro dessas violências, consequentemente impossibilitando o desenvolvimento de dados e conhecimento mais factíveis sobre a sociedade. Em mapeamento realizado durante as eleições de 2020, Paulo Victor Melo identificou que dentre os 26 prefeitos de capitais eleitos em 2020, 17 apresentaram propostas envolvendo uso das TICs na segurança pública (2021).

De um outro ponto de vista, no Brasil e no mundo, diversas organizações da sociedade civil, pesquisadores, cidadãos, parlamentares e ativistas têm apresentado diversos argumentos pelo banimento do uso das tecnologias digitais de reconhecimento facial na segurança pública, por exemplo. Aqui no Brasil, especificamente, podemos citar as campanhas de organizações e sociedade civil "Sai da Minha Cara"[5] e "Tire meu Rosto da Sua Mira"[6], esta última que, em carta aberta[7], afirma:

> Independentemente das salvaguardas e correções que poderiam ser propostas para a criação de uma tecnologia alegada e supostamente "livre de erros", essa vigilância constante, massiva e indiscriminada é – em si mesma – uma violação dos direitos e das liberdades das pessoas. Por estarmos falando de mecanismos aplicados de forma incompatível com os direitos humanos, pedimos pelo banimento, e não apenas por uma moratória, do reconhecimento facial no contexto da segurança pública.

Os modos contemporâneos de classificação e decisões automatizadas intensificam as tendências de apagamento e opacidade das desigualdades (SILVA, 2022). Sobretudo por pertencer a um projeto hegemônico de mundo do qual estes tais "corpos matáveis" não são bem-vindos. Por fim, vale questionar: Quem são os responsáveis por desenvolver projetos autoritários sobre as coisas públicas? A quem interessa o uso das TICs na segurança pública? Quem define quem são os "corpos matáveis"? E como a tecnologia tem sido utilizada para acelerar o genocídio e o encarceramento desses corpos?

Divisão Internacional do trabalho de plataforma

As principais empresas que exploram trabalho de plataforma são desenvolvidas na junção do capital financeiro e vantagens infraestruturais viabilizadas pelos Estados onde são desenvolvidas, notadamente as de viés imperialista nos Estados Unidos. Os negócios digitais globais, somente recentemente ameaçados pelo esforço da China, orbitaram em torno das iniciativas estadunidenses onde o incentivo econômico à dominação capitalista globalizada se confunde com interesses geopolíticos.

A plataformização reedita modelos de divisão internacional do trabalho que oferecem desvantagens à maioria populacional do planeta, sobretudo pessoas racializadas no Sul Global. Para Santos, "o conhecimento dos sistemas técnicos sucessivos é essencial para o entendi-

---

[5] Disponível em: https://opanoptico.com.br/projetos-de-lei-em-todo-brasil-pedem-o-banimento-do--reconhecimento-facial-em-espacos-publicos/ Acesso em: 10/07/2022.

[6] Disponível em: https://tiremeurostodasuamira.org.br/. Acesso em: 02/07/2022.

[7] Disponível em: https://tiremeurostodasuamira.org.br/carta-aberta/. Acesso em 02/07/2022.

mento das diversas formas históricas de estruturação, funcionamento e articulação dos territórios, desde os albores da história até a época atual" (2008, pos. 3163).

Padrões de apropriação imperialistas permaneceram uma característica definidora da economia mundial nos últimos 500 anos, mantendo as trocas desiguais e expropriação de valor na direção Sul a Norte Global. Os países de "economia avançada" produziram mecanismos que implementam discrepância e que se intensificaram nas últimas décadas. Os economistas Hickel, Sullivan e Zoomkawala mensuraram que o "dreno totalizou cerca de US$ 2,2 trilhões por ano (dólares constantes de 2011) em preços do Norte, ou US$ 1,3 trilhão por ano em preços médios globais"[8] (2021, p. 13) totalizando 62 trilhões de ou 152 trilhões ao fatorar também a perda de crescimento resultante nos países explorados do Sul Global.

Quanto aos negócios em torno das plataformas, o fenômeno global de inclusão digital nas redes de trabalho mantém uma dualidade que Tressie McMillan Cottom chamou de inclusão predatória, "a lógica, organização e técnica de incluir cidadãos-consumidores marginalizados em esquemas de mobilidade ostensivamente democratizantes em termos extrativistas"[9] (COTTOM, 2020, p. 443). A inclusão digital promovida pelo capitalismo de plataforma é inerentemente excludente, a exemplo do programa *Internet Free Basics* que oferece acesso gratuito a populações vulneráveis em torno do mundo. O acesso inclui apenas a alguns serviços, infringindo a neutralidade da rede e fortalecendo a tendência oligopolista do Facebook e parceiros. Não obstante as "práticas genuínas e constantes de resistência e negociação diante dos processos de globalização e avanço tecnológico" (LIMA & OLIVEIRA, 2020, p.28), a envergadura de apropriações é limitada.

A extração direta de dados da maioria da população mundial em benefício dos pólos tecnológicos do capital é realizada através de recursos como as plataformas de mídias sociais e oferecimento crescente de infraestrutura digital limitada, mas também pelo trabalho explícito e precarizado para treinamento dos próprios modelos de processamento destes dados. A tendência de "modelos fundacionais de inteligência artificial", baseados em alta capacidade computacional de processa-

---

[8] Tradução nossa "drain has amounted to around $2.2 trillion per year (constant 2011 dollars) in Northern prices, or $1.3 trillion per year in global average prices"

[9] Tradução nossa de "the logic, organization, and technique of including marginalized consumer-citizens into ostensibly democratizing mobility schemes on extractive terms

mento de bases de dados não-estruturados, é uma abordagem somente acessível a um punhado de corporações de big tech. Intensificar um caminho único e universal da técnica se verifica "a partir de um conjunto técnico homogeneizado, sistêmico, preenchido e comandado por relações mundializadas sistematicamente unificadas. Hoje, o projeto global se torna explícito" (SANTOS, 2008, pos. 3609).

As crises econômicas fabricadas, as ondas de precarização e digitalização do trabalho, associadas com ideologia neoliberal do "empreendedor de si mesmo", levaram o Brasil a um número espantoso de 32 milhões de cidadãos cadastrados em aplicativos digitais[10], aplicativos estes que oferecem circunstâncias injustas quanto a remuneração, condições, contratos, gestão e representação (FAIRWORK, 2022).

Impulsionadas pelo capital financeiro e cultura de *startups* digitais, o negócio das plataformas é caracterizado por empresas e serviços que buscaram, de modo geral, "posicionar-se como intermediários que reúnem diferentes usuários: consumidores, anunciantes, fornecedores de serviço, produtores, provedores e mesmo objetos físicos"[11] (SRNICEK, 2017, p.30). A distribuição e relativa disseminação de mecanismos de acesso à internet, notadamente o barateamento de dispositivos móveis inteligentes e de planos de acesso, foi condição central. As mais variadas empresas de tecnologia - mas em crescente oligopólio multissetorial - desenvolvem software, negócios e argumentos em torno de "inovação" para aproveitar vãos regulatórios que as permitiram ocupar de forma privilegiada os fluxos de trocas, paradoxalmente fragmentando o tecido social do ponto de vista dos cidadãos.

Para Poell, Nieborg e van Dijck (2020), a plataformização só pode ser regulada de forma democrática e efetiva pelas instituições públicas se entendermos os principais mecanismos em ação nesse processo. O desafio é integrar plataformas na sociedade sem comprometer os direitos fundamentais dos cidadãos e nem aumentar as disparidades na distribuição de riqueza e poder.

Avaliar, mitigar ou combater os impactos das plataformas de mídias sociais, porém, tem sido rechaçado por esforços destas empresas, como Facebook/Meta ou Google em tentar se posicionar como "apenas tecnologia". O discurso é um outro aspecto levantado por Milton Santos.

---

[10] Disponível em: https://ipesi.com.br/brasil-tem-32-milhoes-de-trabalhadores-em-plataformas-digitais-e-aplicativos/. Acesso em 02/07/2022.

[11] Tradução nossa de "position themselves as intermediaries that bring together different users: customers, advertisers, service providers, producers, suppliers, and even physical objects

Para o intelectual, vivemos num mundo exigente de um discurso dos objetos que confere sua utilidade e um discurso das ações que é indispensável para sua legitimação. Mas Santos considera esses discursos: "tão artificiais como as coisas que explicam e tão enviesados como as ações que ensejam" (2013, p.19).

Milton Santos, lá no ano de 1992, já demonstrava preocupação com os aspectos econômicos e de trabalho em uma natureza tecnicizada. Para o intelectual, o trabalho enquanto sistema era cada vez menos local e cada vez mais universal. Todavia, essa evolução das relações de economia e trabalho tornava ocultos os parâmetros do valor-trabalho. Santos argumenta ainda que fomos apresentados a milhares de objetos técnicos nos últimos quarenta anos, porém sabemos muito pouco sobre eles e esse não saber transforma a natureza tecnicizada em uma natureza abstrata. Milton Santos aponta que: "o que parece estar ao alcance de minhas mãos é concreto, mas não para mim. O que me cabe são apenas partes desconexas do todo, fatias opulentas ou migalhas" (2013, p.19).

A técnica, para Milton Santos, é banalidade e enigma, e é como um enigma que ela ordena nossa vida, impõem relações e administra nossas interações com o entorno. Defendemos que este aspecto, no capitalismo racial contemporâneo, é exacerbado pela plataformização que se transforma em causa e efeito de perda progressiva de sentidos de autonomia do trabalhador sobre suas trocas e relações, tanto de trabalho quanto sociais, em vínculo com camadas de ideologia tecnosolucionista, artificialização e intermediação e exploração de subjetividades e medo através dos dados.

Considerações Finais

Buscamos apresentar no texto alguns apontamentos iniciais da exploração de interseções entre a análise de Milton Santos sobre os sistemas tecnocientíficos, onde nos ofereceu condições de entender objetos e fenômenos contemporâneos. Em particular, este artigo também buscou colaborar com os esforços de pesquisa para traçar pontos de contato em torno da hipótese de olhares afrocentrados sobre a plataformização. Cabe também reforçar a necessidade de estudiosos e pesquisadores de se debruçarem nas problemáticas de tecnologias emergentes, e isso inclui fazer uso de perspectivas antirracistas como ferramentas conceituais e de análise.

A globalização, concentração tecnocientífica e exploração entre Norte e Sul Global, traços da plataformização, são processos racializados e racializantes que ainda recebem abordagem antirracista relativamente minorizada. A obra de Milton Santos, sempre sensível em sua abordagem materialista e sistemática dos fluxos de relações entre tempos e espaços no confluir de sistemas técnicos, continua a ecoar nos traços da acumulação de recursos e esferas da vida pelas plataformas.

O que Milton Santos ilustra em sua obra nos faz questionar, sobretudo em um período como o atual, a relação entre Natureza, homem e tecnologia. E ainda, quem domestica a tecnologia e quem a apresenta como sobrenatural? Seria esse o nosso momento de reconstruir o significado das coisas? Ao invés da subjetivação e submissão racionalista, um novo encantamento do mundo seria possível?

Referências Bibliográficas:

BENDER, Emily M. et al. On the Dangers of Stochastic Parrots: Can Language Models Be Too Big?. In: **Proceedings of the 2021 ACM Conference on Fairness, Accountability, and Transparency**. 2021. p. 610-623.

BENJAMIN, Ruha. Retomando nosso fôlego: estudos de ciência e tecnologia, teoria racial crítica e a imaginação carcerária. In: SILVA, Tarcizio (org.). **Comunidades, Algoritmos e Ativismos Digitais: olhares afrodiaspóricos**. São Paulo: LiteraRUA, 2020.

BIRHANE, Abeba; VAN DIJK, Jelle; PASQUALE, Frank. **Debunking Robot Rights Metaphysically, Ethically, and Legally**. 2021.

COTTOM, Tressie M. Where platform capitalism and racial capitalism meet: The sociology of race and racism in the digital society. **Sociology of Race and Ethnicity**, v. 6, n. 4, p. 441-449, 2020.

CURRAN, Nathaniel Ming. Discrimination in the gig economy: The experiences of Black online English teachers. **Language and Education**, p. 1-15, 2021.

FAIRWORK. **Fairwork Brasil 2021**: Por Trabalho Decente Na Economia De Plataformas. Porto Alegre, 2022.

GROHMANN, Rafael; NONATO, Cláudia; MARQUES, A. F. ; CAMARGO, Camila A.. As Estratégias de Comunicação das Plataformas: discursos de empresas de entrega e transporte no Brasil'.. **COMUNICAÇÃO E SOCIEDADE**, v. 39, p. 17-37, 2021.

HICKEL, Jason; SULLIVAN, Dylan; ZOOMKAWALA, Huzaifa. Plunder in the post-colonial era: quantifying drain from the global south through unequal exchange, 1960–2018. **New Political Economy**, v. 26, n. 6, p. 1030-1047, 2021.

JONES-IMHOTEP, Edward. The ghost factories: histories of automata and artificial life, **History and Technology**, vol. 36, n.1, 2020, pp. 1-27.

LIMA, Dulcilei C.; OLIVEIRA, Taís. Negras in tech: apropriação de tecnologias por mulheres negras como estratégias de resistência. **Cadernos Pagu**, n. 59, 2020.

MELO, P. V. "A serviço do punitivismo, do policiamento preditivo e do racismo estrutural", Le Monde Diplomatique, 31 mar. 2021, disponível em <https://diplomatique.org.br/a-servico-do-punitivismo-do-policiamento-preditivo-e-do-racismo-estrutural/>, acesso em: 05 fev. 2022.

NASCIMENTO, Abdias. **O Quilombismo – Documentos de uma Militância Pan-Africanista.** 3ª ed. rev. São Paulo: Perspectiva; Rio de Janeiro: Ipeafro, 2019.

POELL, Thomas; NIEBORG, David; VAN DIJCK, José. Plataformização. **Fronteiras-estudos midiáticos**, v. 22, n. 1, p. 2-10, 2020.

SANTOS, Milton. **A Natureza do Espaço**: Técnica e Tempo, Razão e Emoção. Edusp, 2008.

SANTOS, Milton. **Técnica, espaço, tempo**: Globalização e meio técnico-científico informacional. 5ª ed., 1ª reimpr. São Paulo. Editora Universidade de São Paulo, 2013.

SILVA, Tarcizio. **Racismo Algorítmico**: inteligência artificial e discriminação nas redes digitais. São Paulo: Edições Sesc, 2022.

SRNICEK, Nick. **Platform Capitalism**. Cambridge: Polity Press, 2017.

VAZ, L.; RAMOS, C. **A Justiça é uma mulher negra**. Belo Horizonte: Casa do Direito, 2021.

Capítulo 11

Mariana Gomes da Silva Soares

Mariana Gomes é jornalista, ciberativista e idealizadora da Conexão Malunga. Pesquisa ciberativismo negro e dinâmicas do ecossistema da governança da internet no Brasil. Seus estudos tem base na epistemologia feminista negra e em filosofias afro-brasileiras.

Antônio Bispo e o legado da contra-colonização: Possibilidades para a governança da Internet

Mariana Gomes da Silva Soares

Este trabalho fundamenta-se em textos e falas públicas do mestre Antônio Bispo, conhecido também como Nêgo Bispo. Seu trabalho tem apenas o sentido de expansão, visto que temos a alegria de escrever este texto durante sua vida. O livro *Colonização, quilombos: modos e significados* foi nossa principal fonte de pesquisa e reflexão. Para aprofundarmos nos conceitos apresentados na obra, assistimos uma série de vídeos do mestre quilombola, em que conversou com públicos diversos, de dentro e fora dos quilombos, aldeias e favelas. Escolhemos também os registros audiovisuais por compreendermos que a oralidade organiza não apenas as palavras ditas, mas também toda comunicação segundo os modos de pensamento dos povos contra-coloniais. No cruzamento das informações de cada material, identificamos novas ideias que complementam-se ao do livro mais conhecido de sua trajetória.

O que o pensamento do mestre Nêgo Bispo nos ensina para a governança da internet? A pergunta mobilizadora nos levou a análises de marcadores sociais no contexto de uso da internet no Brasil e a conseguinte aplicação, mesmo breve, de parte destes indicadores no contexto de governança. A partir do encontro destes dados com a obra viva do mestre Bispo, enveredamos na interpretação do contexto das tecnologias digitais em nosso território. Nos debruçamos nas ideias de contra-colonização, confluência e transfluência.

Tendo em vista que para Nêgo Bispo a contra-colonização é antes de tudo prática, nos propusemos aqui a compartilhar algumas experiências na governança da internet. Esta decisão tornou a escrita um exercício de contraposição ao colonialismo, em que o pensamento do mestre foi fundamental para nutrir o espírito e continuarmos com a proposta. Eventos e situações cotidianas na governança da internet puderam ser repensados com a orí-entação de Nêgo Bispo.

Este trabalho de forma alguma se propõe ou consegue esgotar os saberes elaborados e apresentados pelo mestre Bispo ou seu diálogo com a governança da internet. É um esforço político inicial em nossa trajetória que busca, em verdade, somar-se ao conjunto intelectual negro na tecnologia. Está à disposição dos povos contra-coloniais, inclusive para a crítica. Constituiu-se em desafio para a assunção da honestidade intelectual e sua construção nos deslocou profundamente. Agradecemos à nossa ancestralidade por nos permitir compartilhar estas reflexões.

Contra-colonização

O conceito de contra-colonização é um dos pilares do saber compartilhado e elaborado por Antônio Bispo dos Santos. Para compreender a história colonial, Bispo investiga aspectos da cosmovisão que funda este processo, já que revela modo de vida, organização social e estrutura de pensamento. No trajeto de sua produção de saber, Bispo expõe as diferenças na formação dos povos colonialistas, marcada pela cosmovisão euro-cristã monoteísta, e dos povos contra-coloniais (negros e pindorâmicos), fundados numa cosmologia politeísta. Nesta parte do artigo buscamos apresentar a diferenciação entre as cosmologias identificando como isto surge na governança da internet, a partir de dados estatísticos, assim como em nossa própria experiência.

De acordo com as pesquisas do mestre quilombola, decretos da igreja católica fundamentados em textos bíblicos orientaram o processo colonial. Em seu pensamento, o mestre Bispo reconhece a Bíblia como base da cosmovisão euro-cristã colonial. Em sua análise, o povo euro cristão monoteísta foi relegado à cosmofobia (medo do cosmo) a partir do momento em que sua cosmovisão os desterritorializa, segundo o capítulo Gênesis da Bíblia. Esta analogia permite ao mestre identificar a nascente da tragédia colonial.

> Quando nós vamos para Gênesis, na Bíblia, a gente vê que o Deus Javé criou o trabalho como castigo, uma questão fatigante. Naquele momento quando ele amaldiçoa a terra, ele está dizendo que os habitantes daquela terra não podem se utilizar dela. Aí ele cria as possibilidades e condições para começar o processo de colonialismo. (SANTOS apud UNIPERIFERIAS, 2019)

Ao deparar-se com a bula papal de 18 de junho de 1452, assinada pelo então Papa Nicolau V, Antônio Bispo encontra a 'autorização' para o empreendimento colonial, a definição da invasão portuguesa nas Américas e em África e a consequente dominação sobre os povos pagãos.

> Nós [...] concedemos livre e ampla licença ao rei Afonso para invadir, perseguir, capturar, derrotar e submeter todos os sarracenos e quaisquer pagãos e outros inimigos de Cristo onde quer

> que estejam seus reinos [...] e propriedades e reduzi-los à escravidão perpétua e tomar para si e seus sucessores seus reinos [...] e propriedades" (Bula "Romanus Pontifex", Papa Nicolau V, 08 de janeiro de 1455 apud SANTOS)

A cúpula euro-cristã estendeu o aval colonialista à Espanha em 1554. Outra bula papal mencionada por Bispo é a de 1567 do papa Pio V, a qual se estabelece uma outra aplicação da colonização, agora aos judeus, que apesar de compartilharem bases cosmológicas, foram relegados pelo poder da igreja a condições submissas. No excerto a seguir é possível notar que a dominação imputada aos judeus, diferente dos povos africanos e pindorâmicos, os indica como servos da igreja católica, e diferente dos pagãos, não tornam-se alvo direto da autorização colonialista de escravização por reis e senhores.

> Pela autoridade da presente carta, Nós ordenamos que todo e cada judeu de ambos os sexos em Nosso domínio temporal e em todas as cidades, terras, lugares e baronatos sujeitos a eles deve deixar sua terra no espaço de três meses a partir da publicação da presente carta. Devem ser despojados de suas propriedades e processados de acordo com a lei. Eles devem tornar-se servos da Igreja Romana e sujeitar-se à servidão perpétua. E a dita Igreja deve ter sobre eles os mesmos direitos que outros domínios têm sobre seus escravos e servos (Papa Pio V, 1567, Bula Romanus Pontifex, VII, 741 apud SANTOS)

Ao nos debruçarmos nas falas de Bispo notamos que compreender as cosmopercepções não se reduz em pensar em religião. Nomear a percepção colonial enquanto euro-cristã e monoteísta informa localização e maneira de lidar com o cosmo e outros povos. Trata-se antes de uma percepção e análise estabelecida a partir da sensibilidade dos povos colonizados. Formado por mestras e mestres dos quilombos que lhe criaram, mestre Bispo desvela também o que permitiu a solidariedade entre povos originários e africanos para o enfrentamento ao colonialismo.

Sobre o aspecto puramente religioso, Bispo é atencioso à dimensão politeísta e reconhece que os povos contra-coloniais não vê necessariamente problemas na adoração ao deus cristão. "A gente ganha pelo feitiço e pelo milagre", diz no evento ColaborAmerica, em 2019.

Isso torna-se evidente em nossa história com as irmandades negras, por exemplo, vinculadas às igrejas e religiões de matrizes africanas, responsáveis por impulsionarem acolhimento às pessoas escravizadas, garantia de alforrias e luta pelo fim da escravidão (WERNECK, 2007). Também há expressão de uma teologia negra protestante que disputa incessantemente as práticas comunitárias diante da condescendência do racismo e as demais opressões coloniais, do qual destacamos o teólogo Ronilson Pacheco. Ao mesmo tempo, a Bíblia enquanto documento histórico e base cosmológica foi acionada para a tomada de decisões dos povos europeus, cristãos e monoteístas para adoção do colonialismo contra os povos africanos e pindorâmicos.

Longe de um pensamento cosmofóbico, o 'lavrador de palavras'[1] Antônio Bispo, nos atenta em sua investigação da nascente colonial para a agência e a deliberação dos colonizadores em desumanizar os povos pindorâmicos e africanos. Este processo não se extinguiu com o fim da dominação ibérica. Ao contrário, organiza a sociedade brasileira e decorre em conflitos com os povos tradicionais. O próprio Bispo reconhece que a contraposição ao colonialismo é legado dos povos originários, passado através das gerações.

O que isso tem a ver com o ecossistema de governança da internet? A cosmovisão euro-cristã monoteísta não se propaga sozinha, mas utiliza-se da branquitude cisheteronormativa. Enquanto o mundo corporativo na tecnologia discursa sobre diversidade, o pensamento colonial alicerça este cenário e elege majoritariamente homens, brancos, cisgêneros, alocados principalmente no Sudeste do Brasil. Isto mesmo espalhados em setores diversos: do governo, de empresas, universidades e instituições do terceiro setor. É este perfil colonialista que, por meio do paradigma de monocultura, reivindica autoridade para tomar as decisões sobre o desenvolvimento tecnológico, ainda que num território multicultural.

Notamos isto a partir de nossa experiência na governança da internet e, para a oportunidade deste artigo, na análise demográfica do conselho da instituição a qual a governança da Internet se reporta oficialmente no país: o CGI.br. Ressaltamos a relevância deste órgão multissetorial e independente para a construção de estratégias da internet. Vamos a ele, pois agrega representantes das cúpulas das instituições envoltas no avanço das tecnologias digitais. A relevância deste ambiente para mapear o ecossistema de governança da internet no Brasil está inscrita nos princípios que marcam sua fundação em 1995 e o tornam objeto de pesquisa privilegiado.

[1] "Eu estou me sentindo um lavrador de palavras. Eu planto as palavras na roça de papel através das letras feitas sementes[...]". (SANTOS apud CONFLUÊNCIAS AFROINDÍGENAS, 2020).

Tomamos alguns marcadores sociais utilizados na pesquisa TIC Domicílios, realizada pelo CETIC.br (Centro Regional de Estudos para o Desenvolvimento da Sociedade da Informação) para mapear as ações de usuários da rede, contudo aplicadas ao corpo do conselho do CGI. br. Na gestão atual, que compreende o triênio de 2020 a 2023, há 22 representações, compostas por 17 homens e 5 mulheres, todas brancas e cisgêneras. A partir da graduação acadêmica, inferimos que 15 advém da região Sudeste, duas da Sul e apenas uma pessoa da região Nordeste e outra da região Norte. Três são do Distrito Federal. No quadro de participantes, não há nenhuma pessoa jovem (pessoas de 18 a 29 anos). Essas informações foram colhidas a partir da biografia e das fotos disponibilizadas no site do CGI.br e da pesquisa dos currículos de seus representantes.

A partir destes dados, percebe-se que assim como em outros aspectos da vida política institucional no Brasil, o perfil dos integrantes nas cúpulas da governança da internet são a atualização do perfil reservado pela colonização e eleito como legítimo propagador da cosmologia euro-cristã monoteísta.

No âmbito empresarial no Brasil, por exemplo, segundo o levantamento da Tree Diversidade com o Grupo TopRH, com entrevistas feitas em agosto e setembro de 2021, as lideranças de diversidade nas empresas no Brasil são em mais da metade brancas, sendo 75,7% das pessoas cisgênero e 94,2% sem deficiência. Em outras palavras, mesmo os cargos designados para inclusão no mundo corporativo operam para a forma colonial de gerir o mundo.

Embora a prerrogativa do ecossistema de governança da internet no Brasil seja o multissetorialismo como possibilidade democrática, conforme elucidamos acima, ele tem se revelado pouco diverso e menos inclusivo ainda. Não à toa, os entes que despontam para gerenciá-lo são aqueles que representam o pensamento binário e colonial da cosmovisão euro-cristã monoteísta. Em outra dimensão, isto significa que as existências fora desse modo de vida são violentadas, vistas como exóticas e/ou isoladas por meio de políticas de tokenismo[2].

Investigando mais de perto, no caso da colonização portuguesa, pensadores como Lélia González revelam que os colonizadores estenderam sua expertise em discriminar sua própria população em gênero e

---

[2] HULL, Gloria T. Hull. SMITH, Barbara. The Politics of Black Women's Studies. But Some of us are brave: Black women's studies. Old Westbury, NY: The Feminist Press. p. XVII - XXXII. 1982.

raça para outros cantos do mundo durante a colonização nos continentes africanos e americanos. Parte deste saber em excluir é decorrente do processo de classificação da sociedade portuguesa após a dominação moura na Península Ibérica do ano 711 a 1492 (GONZÁLEZ, 1988)[3], o que encurralou os povos judeus e mouros às margens da sociedade portuguesa e enquadrou a 'humanidade' na imagem branca, monoteísta e cosmofóbica.

De que forma isso se reverbera na governança da internet? Até aqui concluímos que a composição demográfica dos cargos decisivos na tecnologia é herdeira de sistemas de segregação experimentados e refinados na experiência colonial. A partir da investigação de Bispo sobre a cosmovisão colonial, percebemos que os impactos se traduzem não apenas no fenótipo e nas regiões dominantes nos conselhos de Internet, mas também em pensamentos lineares, políticas de diversidade não inclusivas e empreitadas de infraestrutura sem consulta às populações originárias e demais tradicionais.

Retornando aos dados que analisamos anteriormente, é evidente que o núcleo político do desenvolvimento das tecnologias digitais, que deveria responder à pluralidade da população no território brasileiro, traduz-se na verdade num ambiente embraquecido, masculino, sudestino e comporta posicionamentos num modelo de binareidade de gênero reclusa à cisgeneridade heteronormativa. Por outro lado, ainda que os povos coloniais organizem-se para o domínio da produção tecnológica, reivindicam-se e são vistos como "outros" no debate internacional. Isto a partir de uma latinidade, representada pela brancura e pelo orgulho da herança cultural centrada nas nações ibéricas.

Os povos contra-coloniais, por sua vez, reivindicam a produção de tecnologias, inclusive além da digitalização, através de narrativas centradas nas cosmogonias indígenas e africanas. Simultaneamente, evidenciam o processo de exclusão social que enfrentam, retomando o nome da região latino-americana com base nas experiências pré-coloniais, como os termos Abya Yala, advindo do povo Kuna, originário do norte da Colômbia, e Pindorama, proveniente dos povos tupi-guaranis no litoral do Brasil, ou ainda renomeando o território após a tragédia

---

[2] "Sabemos que as sociedades ibéricas estruturam-se a partir de um modelo rigidamente hierárquico, onde tudo e todos tinham seu lugar determinado (até mesmo o tipo de tratamento nominal obedecia às regras impostas pela legislação hierárquica). Enquanto grupos étnicos diferentes e dominados, mouros e judeus eram sujeitos a violento controle social e político. As sociedades que vieram a constituir a chamada América Latina foram herdeiras históricas das ideologias de classificação social (racial e sexual) e das técnicas jurídico-administrativas das metrópoles ibéricas". (GONZÁLEZ, 1988)

colonial, ao exemplo de Améfrica Ladina, categoria desenvolvida pela intelectual brasileira Lélia González. O pensamento de Bispo nos ajuda a entender que o protagonismo contra-colonial, ou seja, a autodenominação e recusa da periferia colonial, possibilita reeditar territórios marcados pela tragédia colonial. Neste movimento, acreditamos ser possível incidir em políticas como as de governança da internet. Nosso esforço seguinte é repensar a leitura e as proposições de marcadores sociais voltados para políticas de acesso à Internet.

Repensando o acesso à internet no Brasil

Os números da utilização e do acesso à internet no Brasil tem aumentado gradualmente com o passar dos anos. Em outra oportunidade, identificamos que somente no ano de 2019 os relatórios do TIC Domicílios incluíram a variável racial como categoria de leitura do acesso a internet em seus estudos (SOARES, 2020), apesar de coletar o dado há pelo menos catorze anos. Identifica-se que naquele ano, cerca de 75% de pessoas negras (pretas e pardas) já acessavam a internet, proporção rente a de pessoas brancas, de acordo com dados do TIC Domicílios 2019. Na TIC Domicílio 2020, pesquisa com ressalvas metodológicas da pandemia, a quantidade de usuários entre pessoas negras é de 81,5% e entre pessoas brancas é de 81%.

Surgem questões sobre o impacto destes indicadores, já que um aumento do número de usuários é interpretado no estudo como aumento do acesso. Ao mesmo tempo, as populações contra-coloniais continuam sem a melhor qualidade de acesso. É a população negra, ao lado da população indígena, que é restrita ao uso exclusivo da internet pelos celulares. Em 2019, 63% de usuários negros de internet e 75% de usuários indígenas acessavam somente pelos smartphones, valores maiores que a média nacional de 58%, segundo a TIC Domicílios 2019. Em 2020, o índice não se altera tanto entre pessoas negras, com 62,5% usando somente os celulares, enquanto que a população branca vivencia uma melhora na qualidade. Neste contexto da pandemia de Covid-19, menos da metade das pessoas brancas (48%) usam exclusivamente os smartphones, uma diferença de 10 pontos percentuais em doze meses, com as ressalvas metodológicas em decorrência das medidas sanitárias contra a pandemia, em que as entrevistas foram realizadas remotamente (por telefone).

É importante ressaltar que pesquisas como a TIC Domicílios têm permitido avaliar a qualidade do acesso em espectros populacionais e seus esforços precisam ser mantidos e até mesmo ampliados. Alguns leitores podem perguntar-se sobre as possibilidades de promover a equidade a partir dessa informação demográfica. Numa perspectiva contra-colonial, estes marcadores devem ser tomados para reedição e criação de outras estratégias de interpretação dos dados.

Neste enlace podemos nos ver questionando o hiato digital, conceito que funda a sociedade da informação, como explícito no documento oficial da Cúpula Mundial da Sociedade da Informação (CMSI), construído de 2003 a 2005. Este evento é uma das referências para a instauração de fóruns de governança da internet em todo o mundo. Neste texto, escrito com grande influência dos setores governamentais e empresariais, o hiato digital é tomado da seguinte maneira:

> Estamos totalmente empenhados em transformar esse hiato digital em uma oportunidade digital para todos, especialmente para aqueles que correm o risco de serem deixados para trás e sendo ainda mais marginalizados. (CGI.br, 2014, p. 18)

Ao analisarmos o texto como um todo, a ideia por detrás de hiato digital evoca a compreensão de que as populações mais afetadas com as desigualdades sociais ao redor do mundo teriam resguardadas a participação e o acesso às tecnologias digitais. Estes são apresentados como possíveis indicadores da inclusão social a partir das tecnologias digitais. Contudo, nestas quase duas décadas do encontro da CMSI, é possível inferir que o hiato digital transformou-se em projeto de desenvolvimento da internet e outras inovações digitais. Esta abordagem já foi apresentada por nós e pesquisadores e ativistas da Economia e Ciências Sociais, durante o Fórum da Internet no Brasil de 2020, em que tivemos a oportunidade de discutir a igualdade racial mediante o acesso à internet.

Naquela oportunidade, elaboramos que "as branquitudes, mesmo a crítica, não se desfazem do encontro das opressões, do privilégio, que é construído em massacres físicos, territoriais, espirituais, intelectuais, culturais"[4]. Apesar de ser um encontro baseado em estratégias contra a expressão de dominação racial no projeto colonialista, esta passagem busca explicar que em meio a relevância de marcadores sociais demográficos, as categorias coloniais de nomeação e controle

---

[4] "Fala nossa na 10º edição do Fórum da Internet no Brasil, no workshop "Caminhos contra o hiato digital: desafios pela igualdade racial nas TIC'S" com Ana Lima, Clara Marinho, Glenda Dantas, João Candido e Tarcízio Silva.

dos povos contra-coloniais (tal qual raça, gênero e classe) são acionadas nos espaços institucionais controlados pelos povos coloniais, para a restrição dos povos contra-coloniais nas bordas da sociedade, em privação. Com esta afirmação, não nos desfazemos dos processos de resistência, responsáveis pela ressignificação de termos coloniais para a auto afirmação dos povos que se opõem ao colonialismo no contexto ocidental.

De maneira concomitante, a crítica contra-colonial do mestre Antônio Bispo nos leva a indagarmos a persistência do hiato digital. Compreendendo que o alto escalão na governança da internet é branco, masculino e sudestino, no caso do Brasil, a continuidade do pensamento colonial sobre os marcadores sociais impede mudanças substanciais na equiparação do uso da rede entre usuários de etnias, gêneros, regiões e classes distintas.

Ao contrário do legado das populações contra-coloniais em reivindicar nas instituições a adoção de tais indicadores nas políticas públicas, fortalecidas na Constituição de 1988, na governança da internet esta aplicação é feita com ausência de pessoas indígenas e africanas em ancestralidade[5], assim como à revelia de metodologias criadas por nós. Existe, ao invés, a cristalização das nossas produções ao lugar de usuários da tecnologia, como se fosse um posto de menor agência. Esta insígnia [usuário] acionada a partir da perspectiva euro-cristã monoteísta, como nos auxilia a entender Nêgo Bispo, é utilizada para formatar o hiato digital em projeto político, em que os povos africanos, afrodescendentes e pindorâmicos são relegados à outridade na criação tecnológica digital. Outridade esta que é confundida nos debates internacionais.

Em outras palavras, dizemos que a simples constatação de marcadores sociais em gráficos e relatórios não é o suficiente para promover os direitos humanos. A prática do multissetorialismo como possibilidade democrática em nosso país deveria estar comprometida em análises robustas, que partissem da premissa do cruzamento de dados de raça, gênero, classe, idade e território. Levantamentos constantes que investiguem não só os usuários, mas a demografia nas entidades representativas da governança da Internet com objetivo de acompanhar a alteração das cúpulas de gerência da tecnologia no Brasil, a fim

[5] Em algumas falas públicas, o mestre Antônio Bispo refere-se a pessoas negras como aquelas africanas em ancestralidade, evidenciando práticas espirituais e comunitárias politeístas. No primeiro capítulo de seu livro "Colonização, quilombos: modos e significados", a liderança quilombola aprofunda-se na explicação sobre as relações étnicos raciais no Brasil e seus termos, ao passo que propõe a ideia de povos contra-coloniais.

de pressionar por políticas que insiram os povos contra-coloniais de maneira ampla neste espaço.

Comentado brevemente mais acima, a problemática colonial na governança da internet reverbera-se também internacionalmente. Os povos coloniais quando viajam para os fóruns de Internet apresentam-se através da outridade, assumindo uma identidade "latina", que pouco reconhece a confluência afro-pindorâmica, mas que é bastante orgulhosa de sua herança ibérica. Ou seja, no Brasil, as representações atuais da governança da internet empreendem táticas de apagamento dos corpos e ideias negras e indígenas, mas ao lado das populações brancas da América do Norte e da Europa performam uma outridade, já que é sabido que branquitude latino-americana é vista como não-branca no restante do mundo. Isto traduz-se numa matriz de poder que afirma um lugar legítimo de outridade fora da contraposição ao colonialismo, mas inscrito nos padrões brancos, sudestinos, cisheteronormativos. Arriscamos dizer que na governança da internet, nem mesmo o lugar de "outro" é oportunizado aos povos contra-coloniais. Contudo, este lugar, de periferia do colonial, não é espaço almejado. Diante de uma abordagem como a de Antônio Bispo podemos imaginar que a assunção de honestidade intelectual é elemento inicial para mudar este cenário. Um trajeto inscrito nas ideias de confluência e transfluência, verdadeiras tecnologias políticas dos povos contra-coloniais.

Confluência e Transfluência

No texto "Somos da Terra", Bispo nos convida a reorientar nossos sentidos. O intelectual compartilha suas observações de como os povos africanos e pindorâmicos encontram-se nas cosmopercepções: através da confluência e da transfluência. Se a observação do movimento dos rios levou Bispo a preocupar-se em investigar a nascente do colonialismo, de outro lado, foi a base para que elaborasse a ideia de confluência. Próprio das semelhanças cosmológicas entre os povos originários de Pindorama e de África, a confluência revela-se nos encontros e no fortalecimento decorrente, assim como os rios correm para outras massas de água. Já a transfluência, nas palavras da liderança quilombola, é a força que atravessa os povos contra-coloniais e continua a nos mover. Em suma, Nêgo Bispo nomeia a conexão cosmológica entre os povos contra-coloniais como aspecto que viabiliza a solidariedade e a resistência de nossos modos de vida.

Até aqui compreendemos que em relação à internet, se tomarmos a portaria interministerial nº 147, de 31 de maio de 1995, que criou o CGI. br como marco de institucionalização do ecossistema de governança no Brasil, sabe-se que àquela altura o Estado brasileiro já reconhecia as populações indígenas e quilombolas como sujeitos de direito, tendo em vista a Constituição de 1988. Ainda assim, estes grupos tiveram até aqui pouquíssimos representantes nas instituições estratégicas da internet. Algumas pessoas podem alegar que trata-se de um processo de escolha contra-colonial, mas a perpetuação do perfil colonizador na cúpula deste ecossistema nos leva a inferir que as alianças que existem registram-se somente para os pares demográficos brancos cisheteronormativos patriarcais. Com as palavras de Bispo, podemos pensar que diferente da solidariedade com afeição a cosmologias diversas, a governança da internet é marcada pela cosmofobia.

O colonialismo se reverbera neste contexto na criação de entraves e obstáculos nas vivências, corporeidades e saberes negros e indígenas, sobretudo quando estes se fazem presentes fora das gramáticas brancas. Dois dos argumentos que sustentam a exclusão dos povos contra-coloniais no setor das tecnologias digitais são as noções de universalidade e neutralidade, já investigadas por outros pesquisadores, como Bianca Kremer. Ao pesquisar sobre racismo algorítmico e vieses raciais nas tecnologias digitais, Kremer identifica que tanto o direito quanto a tecnologia operam a partir de um "véu de neutralidade".

> "O direito, por ser culturalmente reivindicado como um lugar miticamente neutralizado para a atividade jurídica, especialmente no que diz respeito ao funcionamento das instituições políticas. E as tecnologias, por serem constituídas por modelos matemáticos que, supostamente, refletem a realidade a partir de dados estatísticos e levantamentos numéricos". (CORRÊA, 2020, p. 25)

Em nossa experiência, sabemos que contrapor-se às ideias colonialistas de universalidade e neutralidade é encarado com desconfiança. O mecanismo de suspensão da intelectualidade contra-colonial nas tecnologias digitais opera com a exclusão do saber orgânico [fundamentado nas práticas pindorâmicas e africanas, segundo mestre Bispo] e fomenta o processo de epistemicídio (CARNEIRO, FISCHMANN, 2005). Esta vivência de exclusão é tão comum às pessoas negras na tecnologia, por exemplo, que o epistemicídio desponta como maior preocupação atual entre pesquisadores do campo, conforme concluiu o levantamento da Rede Negra em Tecnologia e Sociedade em 2021. É a partir daí que surgem contribuições para revelar os mecanismos opressores e seus significados frente a aparência colonial de "universalidade".

Gostaríamos de salientar que a crítica contra-colonial proposta pelo mestre Antônio Bispo não tem como objetivo a inclusão dentro da sociedade colonialista e suas instituições. Em inúmeras falas públicas, o líder quilombola nos lembra que o Estado brasileiro continua operando a partir das referências coloniais. Durante o evento ColaborAmerica, Bispo deixa isso explícito na medida em que propõe também a criação de fronteiras e não de limites.

> Eu não quero ser incluído numa sociedade colonialista. Eu quero, preciso enfrentá-la. Eu quero até confluir com ela, compartilhar com ela, mas eu quero uma fronteira entre os nossos territórios e os condomínios colonialistas. (SANTOS apud COLABORAMERICA TV, 2019).

A partir do trecho acima, inferimos que há possibilidade de construções entre os povos contra-coloniais e os coloniais, desde que estes últimos enfrentem os próprios fundamentos de seus privilégios e seja garantida a existência plena dos povos originários, africanos e seus descendentes espalhados em aldeias, favelas e quilombos. Em diálogo com o filósofo Renato Noguera durante um seminário online, o mestre quilombola avalia que existe um movimento de questionamento dos privilégios pela geração mais nova dos povos coloniais. Em sua análise, os povos contra-coloniais podem "contribuir para que os colonialistas se reeditem, pelo menos as gerações mais jovens" (SANTOS apud KILOMBO AFROCÊNTRICAS 4P, 2020). Falas como essas solicitam de todas as pessoas mobilizadas a partir da confluência um processo contínuo de responsabilidade, já que para o mestre Bispo há diferenças entre alianças e confluências.

> Há uma diferença entre aliado para confluente. Um rio não deixa de ser um rio porque está confluindo com outro rio. É o contrário. Ele é um rio da confluência para nascente e da confluência para frente ele continua sendo um rio, só que um rio mais fortalecido. (SANTOS apud KILOMBO AFROCÊNTRICAS 4P, 2020)

Mover-se diante um modelo institucional pouco diverso, nada inclusivo e euro-cristão monoteísta como o da gerência das tecnologias digitais, requisita autocrítica, pois mestre Bispo enfatiza que seu pensamento não está disponível para assimilação de estruturas coloniais. Para aqueles de nós, povos contra-coloniais com mais ou menos dificuldades de acesso às comunidades tradicionais, é provável que isso signifique a revisita permanente aos valores ocidentais que, a partir da tragédia colonial, se escondem em nosso fazer. O conteúdo de nossa contraposição em ambiente hostis e colonialistas, decorrente do acesso ao pensamento de Bispo e outras mestres e mestras dos nossos povos, é fortalecido pelas confluências e transfluências com outros grupos contra-coloniais.

A trajetória do mestre Bispo nos sugere que mesmo frente à tal expressão da colonialidade, que admite uma miríade de personalidades desde que inscritas na branquitude e cisheteronomartividade, existe a necessidade e a oportunidade de reedição deste cenário. Há espaço a ser reivindicado para elaboração confluente e robusta da Diversidade na governança da internet. Um passo inicial será visibilizar quantos mais representantes das populações contra-coloniais, pois permanece a necessidade em laborar juridicamente a Diversidade no uso e governança da internet no Brasil. Compreendemos que o direito é uma forma social colonial, contudo reiteramos a necessidade de regulação ancorada nas experiências contra-coloniais como possibilidade de acionar dispositivos dentro da estrutura vigente, legado construído em diversas situações, como na construção da própria Constituição atual.

Conclusão

Em sua trajetória de tradutor do saber de seu povo, mestre Antônio Bispo dos Santos oferece conceitos importantes para as pessoas comprometidas com a transformação social. A contraposição às reverberações do colonialismo, fundadas em sua experiência e nos saberes de seus mais velhos, apresenta-se fora de cânones acadêmicos, não sem antes atravessá-los.

Ideias como a contra-colonização podem ser interpretadas com nuances distintas a partir do local que ocupamos na sociedade e as comunidades que integramos. Por não ser um insumo tão palatável às estruturas colonialistas, representa um desafio para aqueles de nós interessados na prática. Vale destacar que Mestre Bispo não se denomina decolonial ou descolonial, pois antes de tudo está comprometido com a herança cultural, analítica e espiritual de seu povo, contra-colonial. No caso da governança da internet, recorremos ao seu Bispo para encontrar referências que nos ajudem a reeditar espaços tomados pela monocultura euro-cristã, não como ataque à laicidade mas como cosmologia imposta através da tragédia colonial.

Tanto transfluência quanto confluência são oportunidades para reconstruir possibilidades democráticas, inclusive no modelo multissetorial de governança da internet que opera no Brasil e internacionalmente. Tais possibilidades podem reposicionar os debates sobre indicadores sociais de inclusão digital, dos sentidos de neutralidade e universalidade, a imagem de nosso ecossistema frente à comunidade internacional, solicitando inclusive comprometimento frente questões políticas que atravessam os países vizinhos e aqueles do outro lado do Atlântico, berços do contra-colonialismo forjado por aqui.

Em nosso trabalho percebemos que a leitura de mundo de mestre Bispo desloca profundamente o fazer científico, solicitando que as autorias que busquem dialogar com o mestre mobilizem seus saberes, a partir dos lugares contra-coloniais ou das novas gerações coloniais. No aspecto de coleta de dados, nossa limitação está na dimensão fortemente descritiva dos aspectos quantitativos, contudo se exercita a análise em termos qualitativos. Para pesquisas futuras, sugerimos a outras pessoas pesquisadoras a investigação da série histórica dos levantamentos sobre acesso à internet no Brasil.

Há ainda um oceano de sentidos a ser aprendido com o mestre quilombola: saber orgânico, relações com o cosmo a partir da noção de que somos antes filhos e não proprietários da terra, sua análise sobre o processo industrial diante dos povos contra-coloniais, dentro outros assuntos. Todas abordagens com o potencial prático de ajudar a replanejar a infraestrutura da rede no país, investigar os impactos das tecnologias digitais na natureza e responder tantas questões quantas forem possíveis na governança da internet e em outros campos da sociedade brasileira.

Referências Bibliográficas:

CARNEIRO, Aparecida Sueli; FISCHMANN, Roseli. **A construção do outro como não-ser como fundamento do ser**. 2005. Universidade de São Paulo, São Paulo, 2005.

CETIC.br. **TIC DOMICÍLIOS 2019**: Principais resultados. 2020. Disponível em https://cetic.br/media/analises/tic_domicilios_2019_coletiva_imprensa.pdf. Acesso em 21 de outubro de 2021.

CETIC.br. **TIC DOMICÍLIOS 2020**: Lançamento dos resultados. 2021. Disponível em https://cetic.br/media/analises/tic_domicilios_2019_coletiva_imprensa.pdf. Acesso em 21 de outubro de 2021.

CGI.br. **Documentos da Cúpula Mundial sobre a Sociedade da Informação [livro eletrônico]**: Genebra 2003 e Túnis 2005 / International Telecommunication Union ; [traduzido por Marcelo Amorim Guimarães]. -- São Paulo : Comitê Gestor da Internet no Brasil, 2014.

CGI.br. **Perfis dos membros atuais do CGI.br**. Disponível em https://www.cgi.br/membros/perfil/. Acesso em: 10 de janeiro de 2022.

COLABORAMERICA TV. **Confluências**: o modo quilombola de vida, e a sociedade do século XXI - Antônio Bispo. Youtube, 2019. 1 vídeo (21:07 min.). Disponível em: https://youtu.be/CQoJOiHyaTY. Acesso em 20 de novembro de 2021.

CONFLUÊNCIAS AFROINDÍGENAS. **Perspectiva contracolonial - Mestre Antonio Bispo dos Santos**. Youtube, 2020. 1 vídeo (1:32:17 min.). Disponível em https://youtu.be/bhdV4u8Dt20. Acesso em 10 de janeiro de 2022.

CORRÊA, Bianca Kremer N. **Direito e tecnologia em perspectiva amefricana: Autonomia, algoritmos e vieses raciais**. PUC-RIO. 2021.

GONZÁLEZ, Lélia. A categoria político-cultural de amefricanidade. In: **Tempo Brasileiro**. Rio de Janeiro, nº 92/93 (jan./jun.). 1988, p. 69-82.

HULL, Gloria T. SMITH, Barbara. The Politics of Black Women's Studies. But Some of us are brave: Black women's studies. Old Westbury, NY: **The Feminist Press**. p. XVII - XXXII. 1982.

KILOMBO AFROCÊNTRICAS 4P. **Nêgo Bispo e Renato Nogueira parte 1**. Youtube, 2020. 1 vídeo (59:55 min.). Disponível em: https://youtu.be/sM4OiqBcJYs. Acesso em 30 de novembro de 2021.

SANTOS, Antônio Bispo dos. **Colonização, Quilombos, Modos e Significados**. Brasília: INCTI/UnB, 2015.

SANTOS, Antônio Bispo dos. **Somos da terra**. PISEAGRAMA, Belo Horizonte, número 12, página 44 - 51, 2018.

SOARES, Mariana G. S. **Mediatização na Améfrica Ladina**: ciberativismo de mulheres negras brasileiras no inicio do século xxi. UFBA. 2021.

REDE Negra em Tecnologia e Sociedade. **Prioridades Antirracistas sobre Tecnologia e Sociedade**: pesquisa com especialistas negras/os. Relatório. Ação Educativa, 2021.

UNIPERIFERIAS. **Significações da periferia**: representações, confluências e transgressões. Youtube, 2019. 1 vídeo (25:42 min.). Disponível em https://youtu.be/RiKAU5oGgRE. Acesso em 14 de janeiro de 2022.

WERNECK, Jurema P. SOVIK, Liv R. **O samba segundo as Ialodês**: Mulheres negras e a cultura midiática. UFRJ. 2007.

Seguir caminhando (presente), olhando para trás (passado) e projetando o que virá (futuro)

Paulo Victor Melo[1]

"Se consciência é memória e futuro, quando e onde está a memória africana, parte inalienável da consciência brasileira?". Imediatamente, o questionamento de Abdias do Nascimento, na obra *O genocídio do negro brasileiro: processo de um racismo mascarado* (1978), me veio à cabeça quando recebi o convite de Thiane Neves Barros e Tarcízio Silva para escrever este posfácio. No e-mail, a organizadora e o organizador deste livro me provocaram a pensar no "resgate de ideias, lutas e conceitos de nossas mais velhas/os para inspirar projetos de resgate no presente".

Num daqueles simbolismos que confirmam o que a pesquisadora Rosane Borges qualificou como rumores (in)discretos da subjetividade, eu comecei a rascunhar este posfácio no mesmo dia em que ouvi o episódio do podcast *Mano a Mano* em que Mano Brown entrevista Emicida. Já na parte final da conversa, Emicida diz que "a gente tem que se perguntar como a gente constrói um país que a gente gostaria de viver. A gente não vai conseguir chegar nisso se não olhar para o histórico de vários pensadores e pensadoras que já sugeriram coisas, só que infelizmente foram solapados pelo projeto da burguesia. A gente precisa entender que houve pessoas grandiosas que pensaram e sonharam com esse país e que a gente aqui é a continuidade desse sonho, até que ele se transforme em realidade".

É, exatamente, o que os capítulos deste livro fazem: representando a continuidade dos pensamentos e construções teórico-políticas da nossa intelectual-ancestralidade, sonham e tramam coletivamente presente e futuro em que o respeito às nossas diversidades seja central.

E essas tramas carregam a ousadia de derrubar muros e construir pontes sobre uma questão que a história brasileira (e ocidental, de um modo geral) tenta ocultar: o protagonismo das nossas e dos nossos

[1] Homem negro, filho de mãe negra, neto de avó negra. Nascido e criado em Salvador, cidade mais negra da diáspora africana. Jornalista, doutor em Comunicação e Cultura Contemporâneas pela Universidade Federal da Bahia. Investigador integrado do Instituto de Comunicação da Universidade Nova de Lisboa (ICNOVA FCSH). Professor de Ciências da Comunicação da Faculdade de Design, Tecnologia e Comunicação - IADE/Universidade Europeia.

na produção e reflexão sobre tecnologias, sendo, em meu entender, o epistemicídio do pensamento afrodiaspórico e indígena a única motivação. Afinal, ainda que queiram negar, tecnologia sempre foi "coisa de preto" e "coisa de índio".

Afirmando isso lembro, por exemplo, da criação das cisternas de placa de concreto, uma inventividade de Manoel Apolônio de Carvalho, sertanejo, filho de vaqueiro, de uma região entre os estados da Bahia e Sergipe, como uma tecnologia a serviço da vida. Sem estudos formais, Manoel migrou para São Paulo aos 17 anos. Ao ter o primeiro contato com o cimento, enquanto trabalhava como auxiliar de pedreiro na construção da piscina de um clube, pensou: construir uma piscina de cimento, não para tomar banho, mas para guardar a água da chuva e usar nos períodos de seca. Demitido do emprego por "sonhar demais", Manoel voltou para Jeremoabo, na Bahia, e desenvolveu as primeiras experiências do que hoje é considerada a tecnologia mais eficaz na convivência das famílias do semiárido brasileiro com a seca. Transformada em política pública, portanto em direito de cidadania, são, atualmente, 1,3 milhão de cisternas, cada uma com capacidade para armazenar, em média, 16 mil litros e abastecer uma família de cinco pessoas por seis a oito meses.

Ao falar sobre nós (e os nossos/as) e tecnologias, como não recordar também do osso de lebombo, datado de 35 mil anos A.C.? Utilizado para contagem dos ciclos lunares, dos dias que faltavam para a caça ou dos períodos menstruais, o osso foi descoberto nos Montes Libombos, entre a Suazilândia e a África do Sul, e é considerado o artefato matemático mais antigo da humanidade.

Ou como não pensar também nos alertas feitos há décadas por povos indígenas da Amazônia sobre as mudanças climáticas, a partir da observação e registro de alterações nos movimentos migratórios de pássaros e nas mudanças nas paisagens, rios e cachoeiras dos seus territórios? Ou alguém arrisca dizer que compreender como funciona a natureza, perceber as suas modificações ao longo do tempo, tendo como referência, por exemplo, as estrelas e constelações, e conectá-las com uma questão global não é das tecnologias mais sofisticadas que há?

Voar para a frente, com a cabeça voltada para trás, carregando no bico um ovo (futuro). A representação do conceito de Sankofa, e a força política do "volte e pegue", que nos lembra sobre a importância de seguirmos caminhando, mas retornando ao passado para organizar o presente e planejar o futuro, é a marca comum de todos os capítulos desta obra. Vamos a alguns exemplos.

Num país em que, em pleno século 21, três dezenas de juízes de Pernambuco, sob o argumento de "infiltração ideológica de causas sociais" na magistratura, assinam um manifesto criticando a publicação de uma cartilha sobre o racismo nas palavras, como não concordar com Viviane Rodrigues Gomes, Charô Nunes e Larissa Santiago a respeito da urgência de superação de uma linguagem racista e reivindicação do pretuguês (que o editor de texto da Microsoft insiste em tentar "corrigir"), formulado por Lélia Gonzalez, nos nossos fluxos e trocas comunicacionais?

Após ler o texto de Dulcilei da Conceição Lima, como não pensar na afirmação "Eu sou Atlântica", da sergipana Beatriz Nascimento, enquanto uma síntese da diáspora africana enquanto elemento fundante da população negra brasileira e, assim como faz a autora, identificar que essa perspectiva orienta a atuação do feminismo negro nas redes sociais?

Ou, de modo semelhante, como não entender, assim como faz Pâmela Guimarães-Silva, que as estratégias discursivas, narrativas e de organização de coletividades negras brasileiras se pautam, como descrito por Sueli Carneiro, na experiência do racismo enquanto ponto de encontro?

De que forma não pensar no ciberquilombismo de que nos fala Nelza Jaqueline Siqueira Franco – enquanto redes de existência e resistência – ao lembrarmos que foi o "nós por nós", ou a materialização do aquilombamento que propunha Abdias Nascimento, que salvou, em ações de saúde e comunicação comunitária e popular em rede, milhares de corpos negros da pandemia e da orientação política de (nossa) morte do governo federal?

Como ler a escrita de Mariana Gomes da Silva Santos sobre contra-colonização e governança da internet e questionar: como é possível, ainda, que os principais fóruns tanto multissetoriais quanto da sociedade civil de discussão e decisão sobre internet e tecnologias digitais sigam não apenas majoritariamente brancos, mas também insistindo em não compreender a centralidade da questão racial? Um rápido exercício de verificação da ausência de tomada de posicionamentos, por relevantes redes de direitos digitais da sociedade, em diferentes processos que envolvem a plataformização de políticas sociais – que afetam mais diretamente as negras e negros – é simbólico do que já dizia Nêgo Bispo sobre o monoteísmo/monocultura euro-cristã que pretende nos desumanizar.

Feito esse questionamento, como não chamar as pessoas brancas que se colocam enquanto aliadas da luta antirracista à responsabilidade de, antes de tudo, abandonarem a retroalimentação do pacto narcísico denunciado por Cida Bento e Iray Carone, saírem do lugar de "culpa por ser branco" e se reconhecerem enquanto parte da branquitude que estrutura relações de poder político, econômico, cultural e também tecnológico, como propõe Catharina Marques?

Impossível, depois do contato com o texto de Elizandra Salomão e Pedro Diogo Carvalho Monteiro, alguém seguir acreditando que os "erros" e "falhas" de tecnologias digitais como o reconhecimento facial são mesmo erros e falhas. A partir do pensamento de Clóvis Moura, ela e ele demonstram que a existência da população negra no território brasileiro sempre foi marcada, de um lado, pela vigilância do Estado e dos seus aparelhos ideológicos e, de outro, pela quilombagem (outra palavra que o editor da Microsoft não "aceita") enquanto método de sobrevivência e resistência. É essa quilombagem que conduz, em meu entender, o protagonismo negro na denúncia do caráter racista do reconhecimento facial e outras tecnologias, tanto no Brasil quanto em outras partes do mundo.

Num entendimento mais alargado de crítica da ciência e da tecnologia, como faz Taís Oliveira, e compreendendo que sociedades racistas tendem a criar tecnologias potencialmente racistas, como não perceber que as críticas de Abdias Nascimento nos dizem também sobre racismo algorítmico e, para sua superação, a necessidade de criação de tecnologias apartadas da dependência colonial?

E como não conectar isto com os saberes emancipatórios, ensinados por Nilma Lino Gomes, que têm forjado iniciativas comprometidas com uma educação antirracista, a exemplo da Academia Preta Decolonial, apresentada aqui por Michelly Santos de Carvalho e Leila Lima de Sousa?

Se fosse preciso resumir em poucas linhas o sentido precípuo desta obra, diria que o feito aqui está sintetizado no texto de Thiane Neves Barros: ao assumir – na perspectiva da professora Zélia Amador de Deus – os lugares de herdeiras e herdeiros de Ananse, as autoras e autores propuseram-se a uma ação de resistência, evidenciando que, como diz a autora-organizadora, "trazemos conosco este legado e aprendemos a desenvolver nossos próprios métodos para acessar as tecnologias digitais - nem sempre honrosas, como forma de confrontar as fronteiras estabelecidas pelos interesses das Big Tech".

E esse acesso às tecnologias digitais deve se dar – e isto está apontado em todo o livro – sob uma percepção profundamente crítica, como já nos advertia Milton Santos sobre o caráter de produtora de medos e desigualdades da ciência e da técnica a serviço da dominação. Por isso, a aproximação que Taís Oliveira e Tarcízio Silva costuram entre o pensamento do geógrafo baiano e as tecnologias emergentes é determinante. Afinal como ignorar que só há produção tecnológica em larga escala – que sustenta todas as lógicas de plataformização do trabalho, vigilância e mercantilização de dados pessoais – assentada na destruição ambiental e na exploração de corpos negros africanos, inclusive de crianças, em áreas do Congo?

Os caminhos estão abertos e a (contra)história está sendo construída, com as nossas e nossos sendo orientadoras/es das múltiplas possibilidades de redes e tramas que temos: na denúncia das tecnologias que promovem mortes e desumanizações; nas batalhas por uma internet efetivamente democrática (lembremos do que diz a Coalizão Negra por Direitos, enquanto houver racismo não haverá democracia); nas estratégias de atuação pautadas em outras linguagens, códigos e "jeitos"; na criação de pedagogias antirracistas que, ao mesmo tempo, sejam forjadas e produzam culturas igualmente antirracistas.

Para trilharmos esse caminho, assim como o pássaro-representação de Sankofa, e assim como é feito neste livro, é preciso seguir olhando para quem veio antes de nós. Além das/os griots aqui apresentados, temos muitas outras e outros que podem, por exemplo, compor um segundo volume: Conceição Evaristo, Josué de Castro, Lima Barreto, Maria Firmina dos Reis, Mateus Aleluia, Matilde Ribeiro, Mãe Beth de Oxum, Muniz Sodré, Nei Lopes, Carolina Maria de Jesus, Joel Zito Araújo...

Não há possibilidade de seguir este caminhar sem considerarmos também as griots "das nossas casas", que são as nossas avós, mães, tias, enfim, as nossas mais velhas. Perguntá-las e escutá-las sobre como acessaram tecnologias de sobrevivência para que chegassem até aqui, e para que nós chegássemos até aqui, são obrigações desse necessário exercício de resgatar para inspirar aqui proposto.

Sobre os autores

Catharinna Marques
Catharinna Marques é graduada em Ciências Sociais (Licenciatura) pela Universidade Federal Fluminense (UFF), tem especialização em Educação das Relações Étnico-Raciais no Ensino Básico pelo Colégio Pedro II. Atualmente é mestranda na linha de pesquisa Estéticas e Tecnologias da Comunicação pelo Programa de Pós-Graduação em Comunicação da Universidade Federal Fluminense (PPGCOM/UFF). Em 2022 realizou mobilidade acadêmica pelo "International Study and Training Partnerships" (ISAP) no departamento de "Global South Studies" da Eberhard Karls Universität Tübingen (Alemanha), foi bolsista pelo Deutscher Akademischer Austauschdienst (DAAD) e pela reitoria da universidade supracitada. Faz parte do corpo editorial de fluxo da Revista Contracampo (Qualis B1- UFF). É integrante do Laboratório de Identidades Digitais e Diversidade (LIDD/UFRJ) e do grupo de pesquisa Mídias Digitais, Identidade e Comunicação (MiDICom/UFF).

Charô Nunes
Charô Nunes escreve. Arquiteta e Urbanista. Comunicadora pela defesa de direitos humanos.

Dulcilei da Conceição Lima
Doutora em Ciências Humanas e Sociais pela Universidade Federal do ABC. Mestra em Educação, Arte e História da Cultura pela Universidade Presbiteriana Mackenzie (2011). Bacharel em História - FFLCH- USP (2003). Atualmente é Pesquisadora em Ciências Sociais e Humanas no Centro de Pesquisa e Formação - Sesc / SP. Integra a pesquisa Caleidoscópio das Ações Afirmativas: Avaliações, Experiências e Alcances das Políticas de Cotas nas Universidades Públicas (CNPq).

Elizandra Salomão
Liz Salomão, graduada em Direito pela Universidade de Brasília, é especialista em Direito Digital e Proteção de Dados. Seu trabalho de pesquisa se concentra na relação entre vieses algorítmicos e a formulação de políticas públicas. Ela tem contribuído com trabalhos sobre design discriminatório, reconhecimento facial e direito à cidade, abordando a oposição entre a vigilância automatizada, racismo algorítmico e o direito à privacidade, tratando de questões importantes sobre ética e justiça na era digital.

Larissa Santiago

Larissa Santiago é comunicadora social formada em publicidade pela Universidade Salvador (Unifacs). Possui 14 anos de experiência em publicidade e tecnologia, tendo atuado em agências de Salvador, João Pessoa e Recife. Idealizadora das Blogueiras Negras, atua como coordenadora de articulação compondo, com a organização, a Rede de Ciberativistas Negras, a Rede Transfeminista de Cuidados Digitais e a Red de Mulheres Afrolatinoamericanas, Caribenhas e da Diáspora (ARMAAD).

Leila Lima de Sousa

Professora Adjunta do curso de jornalismo da Universidade Federal do Maranhão - UFMA. Doutora em Ciências da Comunicação na Unisinos. Atualmente é vice-coordenadora do Núcleo Maria Firmina dos Reis da UFMA (Vencedor do Prêmio Luiz Beltrão, 2022, categoria Grupo Inovador). Realizou estágio de Doutorado Sanduíche na Universitat Autònoma de Barcelona (UAB)/ Espanha; e no grupo de pesquisa TransGang da Universidade Pompeu Fabra (UPF)/ Barcelona- Espanha, com bolsa CAPES. É mestre em Comunicação pelo Programa de Pós-Graduação em Comunicação da Universidade Federal do Piauí (PPGCOM/ UFPI). Jornalista, graduada em Comunicação Social com habilitação em Jornalismo pela Universidade Estadual do Piauí (2011).

Mariana Gomes da Silva Soares

Mariana Gomes é jornalista, ciberativista e idealizadora da Conexão Malunga. Pesquisa ciberativismo negro e dinâmicas do ecossistema da governança da internet no Brasil. Seus estudos tem base na epistemologia feminista negra e em filosofias afro-brasileiras.

Michelly Santos de Carvalho

É doutora em Ciências da Comunicação pela Universidade do Minho/UFRJ. Mestre em Informação e Jornalismo pela mesma instituição (revalidação pela UFBA). Especialista em Direitos Humanos pela Faculdade Adelmar Rosado. Graduada em Ciências da Comunicação também pela UMinho/UFBA. Graduada em Sociologia e Letras pelo Centro Universitário Internacional - UNINTER. Atualmente é Professora Adjunta da Universidade Federal do Maranhão, Campus Imperatriz, onde coordena o Curso de Jornalismo e o Núcleo Maria Firmina dos Reis (Vencedor do Prêmio Luiz Beltrão, 2022, categoria Grupo Inovador). Coordena também juntamente com a Profa. Leila Sousa o Projeto de Extensão “Academia Preta Decolonial: Epistemologias e Metodologias Antirracistas”.

Nelza Jaqueline Siqueira Franco

Nelza Jaqueline S. Franco é Mãe do Érick, filha da Idalina e do João, pedrito-viamonense, professora de Educação Básica da Rede Municipal de Porto Alegre/RS com atuação nos Anos Iniciais do Ensino Fundamental, Informática Educativa e ministrante das disciplinas de Direitos Humanos e Educação para as Relações Étnico-Raciais no curso de Magistério de nível médio (Educação Profissional). Mestra em Educação/UFRGS. Especialista em Mídias na Educação e em Educação Profissional Integrada à Educação Básica na Modalidade de Educação de Jovens e Adultos - PROEJA - UFRGS, Licenciada em Computação pela UNIFEEVALE

Pâmela Guimarães-Silva

Professora substituta na Escola de Comunicação da Universidade Federal do Rio de Janeiro (ECO/UFRJ), professora adjunta na pós-graduação em Comunicação, Diversidade e Inclusão nas Organizações do IEC PUC Minas e professora convidada na Fundação Dom Cabral. Funcionária Pública efetiva lotada da Subsecretaria de Direitos Humanos de Minas Gerais. Mestre e doutora em Comunicação pelo Programa de Pós-Graduação em Comunicação Social da UFMG e cursa especialização em Marketing e Branding (Descomplica Faculdade Digital) e em Docência do Ensino Superior e Metodologias Ativas de Aprendizado (Descomplica Faculdade Digital).

Paulo Victor Purificação Melo

Homem negro, filho de mãe negra, neto de avó negra. Nascido e criado em Salvador, cidade mais negra da diáspora africana. Jornalista, doutor em Comunicação e Cultura Contemporâneas pela Universidade Federal da Bahia. Investigador integrado do Instituto de Comunicação da Universidade Nova de Lisboa (ICNOVA FCSH). Professor de Ciências da Comunicação da Faculdade de Design, Tecnologia e Comunicação – IADE/Universidade Europeia.

Pedro Diogo Carvalho Monteiro

Mestre em Direito Penal e Liberdades Públicas pela Universidade Federal da Bahia (UFBA). Graduado em Direito pela Universidade do Estado da Bahia (UNEB). Pesquisador voluntário no Laboratório de Políticas de Internet (LAPIN). Pesquisa temas relativos a terror racial e sistema penal, aprofundando no modo como novas tecnologias são incrementadas e operadas no contexto do genocídio antinegro no Brasil.

Taís Oliveira
Taís Oliveira é relações-públicas pela Faculdade Paulus de Tecnologia e Comunicação (FAPCOM), Mestra e doutoranda em Ciências Humanas e Sociais pela Universidade Federal do ABC (UFABC). Fundadora e Diretora Executiva do Instituto Sumaúma.

Tarcizio Silva
Mestre em Comunicação (UFBA) e desenvolve tese sobre regulação antirracista de IA (UFABC). Senior Tech Policy Fellow na Fundação Mozilla. Autor e organizador de livros como "Racismo Algorítmico: inteligência artificial e discriminação nas redes digitais" (Edições Sesc, 2022) e "Comunidades, Algoritmos e Ativismos Digitais: olhares afrodiaspóricos" (LiteraRUA, 2020).

Thiane Neves Barros
Publicitária (Universidade da Amazônia), mestra em Comunicação (Universidade Federal do Pará), cursando doutorado em Comunicação (Universidade Federal da Bahia) com pesquisa sobre ciberativismos de mulheres negras e apropriações tecnológicas na Amazônia paraense, afrorreligiosa, ativista e colaboradora de organizações dos movimentos negros e feministas.

Viviane Gomes
Viviane Gomes é jornalista e integra a coordenação de Blogueiras Negras e a Rede de Ciberativistas Negras; participa do Pontão de Cultura Digital da ECO/UFRJ e é filiada ao Grupo de Pesquisa em Políticas e Economia Política da Informação e da Comunicação da ECO/UFRJ. É mestre em Comunicação e Cultura pela Escola de Comunicação da Universidade Federal do Rio de Janeiro e sua pesquisa aborda os seguintes temas: ciberativismo, cibersegurança, cuidado digital, tecnopolítica, cultura de redes e feminismo negro.

Zelinda Barros
Antropóloga, quilombola de Santiago do Iguape(BA), feminista negra, docente adjunta da Universidade da Integração Internacional da Lusofonia Afro-brasileira (UNILAB). Doutora em Estudos Étnicos e Africanos (UFBA, 2013), Mestra em Ciências Sociais (UFBA, 2003), Especialista em Educação à Distância (Serviço Nacional de Aprendizagem Comercial, 2008) e Bacharela em Ciências Sociais (UFBA, 2000). Fez Pós-doutorado em Ciências Sociais (Universidade Federal do Recôncavo da Bahia, de 2014 a 2018). Membro do grupo de pesquisa NYEMBA - Processos Sociais, Memórias e Narrativas Brasil/África (UNILAB). Editora do "Calendário Negro". Coordenou o primeiro Curso de Formação de Professoras/es para o Ensino de História e Cultura

Afro-brasileiras a distância da UFBA. Consultora em Educação a Distância, Educação e Diversidade. Membro da Associação Brasileira de Pesquisadores/as Negros/as (ABPN e da Sociedade Brasileira para o Progresso da Ciência (SBPC).

SANKOFA

Impressão e Acabamento
Bartiragráfica
(011) 4393-2911